げんれい説法

中西玄禮
Nakanishi Genrei

白馬社

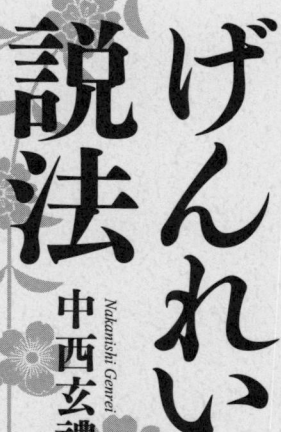

慈光照顧
永観九十世
玄禮
みかえり

げんれい説法　目次

口絵版画　西田光衛

説法という名の応援歌——まえがきに代えて

1、自分探しの修行

「人生の春はただ一度咲き、二度と咲かない」という言葉があります。それは私にとって昭和三十三年三月、十七歳の時でした。

京都東山の禅林寺。私の所属する浄土宗西山禅林寺派の総本山であり、通称を「永観堂」といいます。洛東屈指の紅葉の名所として世に知られています。

午前四時。十四人の若い修行僧は水行の場にいました。春とはいえ彼岸明けの京都の朝は気温零度に達せず、昨夜から汲み置いたままの水桶には薄氷が張り、月明かりの中で光っていました。白衣をうしろの物干し竿に掛け、下帯一つになると経文を唱えて一斉に桶の水をかぶります。一瞬にして奪われた体温が蒸気となって空中に白い靄のように拡がります。京都に春の到来を告げる風物詩、永観堂の加行《けぎょう》です。

僧になる関門とはいえ、午前四時、十時、午後四時、一日三回の水行や長時間の勤行、経典の書写、作務と称する掃除等々。十四人の中の最年少の私には二週間の修行とはいえ非常に厳しいものでした。足袋をはけず、入浴もなく、一週間で体じゅうにアカギレができ声が嗄れるのです。

この修行に入る前、私は進路に迷っていました。中学の恩師の影響で、教師になりたかったのです。正直にいえば坊主がイヤでした。意味のわからぬ経を読み、布施という報酬を受ける。これはサギではないのか。少年の目には寺院の生活は欺瞞に満ちていました。なにより、人の死という不幸で生活するという不条理が許せず、寺に生まれた者は坊主になる、という宿命を恨んだりしました。

思い余って中学の時の担任の先生に相談に行き、悩みをすべて打ち明けたのです。その時の恩師の言葉は今も忘れられません。

「そんなに坊主がいやなら、君がいやでないと思える坊さんになれ！」

こうして「自分探し」のために京都の本山の門をくぐり、春休み二週間の修行僧となったのです。午前四時の起床から夜十時の消灯まで、食事の作法から立居振舞いに至るまで、それまでの甘い価値観を根底から覆すほどのカルチャーショックでした。

この時の体験を、当時愛読していた『高校時代』という雑誌に投稿したら、これが読者欄に掲載され、さらにその上、発行元の旺文社から記者とカメラマンが来訪して、私の学校や家庭生活を丸二日間取材して帰りました。ほどなく『高校時代』六月号の巻頭グラビア七頁の紙面に私の日常が紹介されることとなりました。タイトルは「僕は学生僧」。

学校では生徒会長であり、新聞部・図書部・弁論部に所属し（こんなに多くの部活に入っていたのは、家に帰れば寺の法務を手伝わされるのがイヤだったからですが）、帰宅すれば黒い衣に着替えて檀家参りをする。そんな姿が珍しいのか、全国の高校生（ほとんどが女生徒！）から連日のように激励の手紙が学校宛てに届きました。もう僧侶になる道を選ぶのに迷いはなくなりました。

「自分がイヤだと思えない坊主になるぞ！」

十七歳の、ささやかな決意でした。

2、「みかえり」の心

私が修行し、所属している京都の永観堂禅林寺には、平安時代に永観という僧が住していました。「念仏宗永観」とみずから名乗るように、一日六万遍の念仏を日課として、ひたすら称名念仏の信仰を貫き通したばかりでなく衆生済度に命をかけた人です。

伝説があります。

永観が五十歳の二月十五日。おりしも釈尊の涅槃の日にあたるその明け方、彼にとって忘れ得ぬ事件がありました。

いつものように前夜から阿弥陀堂に籠もり、別時念仏を修行していた時のこと。旧暦とはいえ二月、しかも夜明け間近の京都は、凍てつくほど冷え込みがきびしいのです。その冷気の中で一人、永観は本尊の周囲を念仏しつつ行道していました。

疲労と寒さで朦朧とする意識の中でふと前方に人影が動くのを感じます。目を凝らしてみれば、なんと、本尊阿弥陀如来がいつの間にか須弥壇を降り永観を先導するがごとく前に立って、共に念仏行道しておられるのです。驚いてその場にひれ伏す永観を阿弥陀如来は静かに振り返り、

「永観、おそし」

と声を発せられた。その振り返り見返り給うたみ仏の、なんという気高さ。

「なにとぞそのお姿を、そのまま末代までお留めくださるよう」との永観の懇請に応えて、以来この本尊は今もなお静かに左後方を振り向かれた姿なのです。

「みかえり阿弥陀如来」と呼ばれてわが国でも珍しいこの仏の姿は、いつの世も悲しみに泣く人、生きる勇気を失いかけている人、病に苦しむ人、自らの罪の恐ろしさにふるえる人など、すべての人を慈眼でもって見返り、待ち続けている慈悲の働きを表しているのです。

『自分より遅れる者たちを待つ姿勢
自分自身の位置をかえりみる姿勢
愛や情けをかける姿勢
思いやり深く周囲を見つめる姿勢
衆生とともに正しく前へすすむためのリーダーの把握の振り向き』

随筆家の岡部伊都子さんが、『仏像に想う』という著書の中で、みかえり阿弥陀如来の心を述べられた一文です。この言葉こそ時代を越えて呼びかける仏の声でもあるのです。

後年、永観は自らの書物に次のような名言を残しています。

「たとえ自らは後《おく》るといえども、他を勧めて先となさん。前に生まるる者は後を導き、後に行かん者は前を助け連続無窮にして休息あることなからん」

永観が念仏信仰に生きたのは、末法という深刻な終末観の時代の真っ只中でした。そして今、同じような乱世の中で、人々の不安につけこむ宗教集団が跋扈したり、利那的・享楽的な生き方をする人が増えています。なによりも親が子を、子が親や祖父母を殺害する事件が後を断たず、深刻な家庭崩壊を招いています。このような時代であるからこそ、永観のいう「前に生まれた者は若い者の手本となり、若者は人生の先輩を大切にする心」つまり「共に生きる」という考え方が大切なのです。また、我が身一人の幸せよりも、家庭や周囲の困っている人の幸せを優先する生き方が大切だといっているのです。

3、外野席のトランペット

では僧侶としての私の務めは何なのでしょうか。

たとえば、甲子園球場。

連日超満員のファンを集めて、選手たちのファイトを鼓舞するように、応援団の先頭に立ってトランペットを吹き続ける人がいます。たとえ負け試合でも、最終回まで吹くことをやめない。その音の響きは、プレーする者にも、メガホンを振って応援する者にも少なからぬ勇気を与えてくれます。

人生というグラウンドで、人はそれぞれの役割を果たさなければなりません。絶体絶命のピンチを招いてマウンドの上で孤独を味わう投手がいる。チャンスに三振する打者もある。なにもかも投げ出してしまいたい衝動にかられる監督もいるでしょう。そんな時、外野席から聞こえてくるトランペットの応援歌が、わずかでも心に希望と勇気を与えてくれるとしたら――。

僧侶としての私の社会的な役割は、いわばそのようなものではないかと思うのです。自分の道に行き詰まり途方にくれている人がいたら「がんばるんだよ。めげるんじゃないよ」と声をかけてあげることのできる「心の応援団」でありたい。そう願っています。そして「外野席のトランペット吹き」に徹して、どんなメロディを吹けばいいのか考え続けていました。

その一つが「出前説法」です。注文があれば出向いていって説法する。保育園から学校・会社・公民館・各地の婦人会・老人大学――。多い時は一年に二百回を越える講演に出向いたこともあります。幼児から小中高生、あらゆる年齢のジャンルを越えて仏法を説き続けました。

もう一つが「テレホン法話」。

ダイヤル一つで、いつでも、どこでも誰にでも聞ける法話で、仏教に基づく人間の生き方を知ってほしいと願って昭和五十六年に開設しました。留守番電話の機能を使って三分間の話を録音しておいて、専用の番号（０７９―２７２―３２３２）で聞いてもらう仕組みです。週に一度話の内容を変えるのに四苦八苦しながら、三十年になります。ただ、平成二十二年二月から本山の管長に就任して以来一時休止としていますが、大覚寺のホームページで継続しています。

4、ボーズ・ビー・アンビシャス！

「葬式仏教」と呼ばれて随分年数が過ぎました。十七歳の頃に悩んでいた「僧侶は人の不幸で生活する」という事実は今も変わりません。葬式と法事だけに従事している儀式屋という批判だけでなく、それ以外になにも期待しない、という一種あきらめに似たニュアンスで呼ばれています。反面、書店では有名作家や思想家の仏教に関する書物が売れている現象をみれば、思想としての仏教には大きな関心があるが、専門職としての僧侶には何の魅力もなければ期待もしない、というのが現状です。

なぜ、そうなってしまったのか。

最大の理由は、僧侶が法を説かなくなったからです。伝道者としての行動を起こさないからです。法は人によって広まる、といいます。仏教にとって、僧侶にとって困難な時代に遭遇しています。それにめげることなく立ち向かう勇気と実践が今求められています。まさしく「ボーズ・ビー・アンビシャス！」なのです。形骸化した葬式仏教を、魂の救済のための生活仏教に再生させるために、これからの時代を背負う若い僧侶を育てるのが、私の残りの人生に与えられた使命であろうと思います。

ところで冒頭の言葉ですが、これまでの経験でいえば、人生の春は唯一度とは限らない。花を美しいと思う心の瑞々しさと、人を愛する心を持ち続ける人には、春は何度も花開くのです。

1

げんれい
ラジオ説法

凛々と生きる

おはようございます。今朝は「凛々《りんりん》と生きる」というお話をいたしましょう。

もう三年ぐらい前でした。私の寺の檀家の七十三歳の男性が亡くなられてお通夜に出かける途中のことでした。車を運転しておりますと、ニュースが終わって歌謡曲の番組になりました。いくら私が歌好きな住職でも、これからお通夜に行こうという時に歌謡曲を聴きながら――なんていうのは、これはもう、いかがなものか――と思われます。不謹慎である、そう自己反省をしまして、スイッチに手を伸ばして切ろうとしたら、聴こえてきたのが、坂本冬美さんの歌声でした。

お通夜に向かう途中ということもあって、その時の冬美さんの歌声が私の心の中にスーッとはいり込んで来るのです。それはこういう歌詞でした。

日は昇り　日は沈む
春が来て　夏がゆく
生きとし　生けるもの全て
命に限りは　あるけれど
花のように　心を開き
私は咲きたい
凛として

（たかたかし作詞「凛として」）

考えてみれば、これからお通夜をする男性も七十三歳。まだ男性の平均寿命をさえ生ききっておられないのです。夢や未練を残しながらの人生を閉じられた。でも仮にこの方が八十年、九十年の生涯を終えられたとしても、限りある命は変わりません。そしてそれは他人事ではなく私自身もまた限りある命を生きているのです。

苦は逃れられない

お釈迦様は人間がこの世に生まれてきて、すべての者が逃れられない苦しみとして「生・老・病・死」（生きてゆく苦しみ、老いてゆく苦しみ、病による苦しみ、そしてやがて死なねばならない苦しみ）の「四苦」を説かれました。

人としてこの世に生まれた以上、まず「老《ろう》」という苦がやってまいります。皆さんは物を運ぶ時、あるいは階段を上がる時、思わずかけ声を発することはありませんか。そのかけ声によってその人の老化の程度がわかるというのです。

たとえば何かを持ち上げる時にヨイショと言う。これが口癖になるとそれは老化の始まりなのです。自分でも気付かないうちにいつの間にか口から出てしまう。

でもまだこの程度では軽症です。これがだんだん進んでくると、物を持ち上げる時には「ヨッコラショッ」ということになる訳です。

そしてとてもこれくらいでは体が動かないようになったりすると、「ヨッコラドッコイショッ」と、「ドッコイショッ」が付いたりしますと、もうこれはかなりの老化なのです。

遅かれ早かれ「老病死」というものがやって来るのです。それをマイナスに受け取るのではなくて、人として生きている以上、避けられない事であるのならばなおのこと、冬美さんの歌のように、花のように心を開いて多くの人々と気持ちを通じ合うという生き方が大切なのではないでしょうか。

「花が咲く」と言いますが、「咲」という字は咲《わら》うとも読むのです。「花が咲《わら》う」つまり、花のように心を開き、ということは、人に向かっていつも笑顔で心を開くことができたら、私たちの人生はもっと花のように豊かに凛として生きてゆくことができるのではないでしょうか。

仏教の教えの中に、
空過三界道《くうかさんがいどう》
勝過三界道《しょうかさんがいどう》

こういう二つの言葉があります。「空過」というのは空しく過ごすこと。「三界道」というのは私たちが今生きているこの世界のこと。この人生を空しく過ごすのか、あるいはその反対に勝れた過ごし方、意義のある過ごし方をするか。同じ生きるのなら、この人生を充実して過ごしたいものです。

お釈迦様がお説きになった『法句経』の中にこういう一句があります。

頭白しとてこのことによりて彼は長《おさ》たらず。彼の齢《よわい》よし熟したりとも是《これ》空しく老いたる人
とのみ呼ばれん

年を取った、頭が白くなった、というだけでその人は長老とはいえない。人生のリーダーとはいえない。たとえその年齢を重ねていくとしても、それが犬齢とか馬齢を重ねるとかいう生き方であれば、それは単に老いたる人に過ぎない、とお釈迦様はいわれるのです。せっかくこの世に生まれて来て、今あるこの命を空しく過ごすか無駄に過ごすか——。それによって人生が大きく変わってまいります。

よくいわれる言葉に、「人は体と心と魂によって成り立っている」のだと——顔や体に皺が寄るのは老化現象で誰も避けられない。けれど、心に皺を作ってはならないのです。

心はいつも凛としていよう。いつも何か輝くものを持っていよう。心に艶やかさを失わないで老いに向かって輝いてこそ本当の熟年であり、人々にとって長老であり、リーダーであると讃えられるのです。

老いに輝く方法

それでは一体、健康な老いを迎えるにはどうすればいいのでしょうか。昔から言われている教えの中に「健老六訓」という言葉があります。老年になる前に、まだ体も充分に元気な間に心掛けておかねばならないことが六つあるというのです。そしてその積み重ねが心に艶やかさを失わないで、老いに輝く本当の熟年を迎えることができるというのです。

その第一番目は「老金を持て」。

若い間から少しは預金をしておいて、年を取ってからでも不自由しない程度のお金を蓄えておけよ、ということです。

二番目は「老友を持て」。

いくつになっても語り合える友人が一人あればいい。

三番目は「老勉すべし」。

人生の晩年を何か学び続けるものがあるというのは、幸せなことだと思います。俳句を学ぶ、短歌を学ぶ、絵を学ぶ、書道を学ぶ、花作りを学ぶ、その気になれば皆さんの住居の近くに公民館やいろんな施設があって、今申し上げたような講座が開かれていると思います。

そういう所に入学して、自分の趣味を活かしてゆくことが、いつまでも若々しく生きる重要な要素になるのです。

四番目は「老働すべし」。

いくつになっても働ける仕事がある、誰かの役に立てる仕事がある。これは大きな生きがいになります。会社を定年で退職して、近くに農地を借りて、そこで夫婦で畑をしているという友人がいます。

「これは結構子育てに似て楽しいもんだよ」

彼は生き生きと野菜作りをして、そのおこぼれを私もいただいております。白菜ができると、それでキムチを漬けて「まあ、これを食べてくれよ」と持って来てくれるんです。ただ自分で作る、という楽しみだけでなく、働いて作った物を誰かに喜んでもらってもらうというのも、彼にとっては大きな喜びであるようです。

働くということは、ハタの者をラクにするということなんだ、ということを聞いたことがあります。つまり自分の行いが誰かの幸せに繋がり、誰かの役に立つ。誰かが喜んでくれる。それでこそ、ハタラクということなのです。

私の寺の檀家に、下半身の不自由なおばあさんがいました。下半身が不自由な分、口は達者で、私が行くとおしゃべりをします。

ある日も、お参りをしますと廊下で何やらゴソゴソしているので、

「おばあさん、なにしているの？」と声をかけたら、

「見てわかりませんか!!」と言って叱られました。

なるほど、見ればわかります。縁側で何やら縫い物をしているのです。

「何を縫っているの？」と聞いたらまた「見てわかりませんか」と言われそうなので、黙って見ておりました。どうやら雑巾を縫っているらしい。

それにしても、積み上げてある分量はこの家で使うにはあまりにも多すぎます。

「おばあさん、こんなに雑巾縫ってどうするのよ」と聞くと、おばあさんが言いました。

「この間ね、テレビを見ていたら老人介護の先生がこう言ってたのよ。寝たきりになって、下の世話をしてもらう時が来るでしょう。その時に紙オムツ等ではお金がかかり過ぎる。ティッシュペーパーならなおのこと。そういう時には木綿の洗いざらしたもので、雑巾を作って、それもミシンで縫わないでふんわりと手縫いをした雑巾をこしらえてね、それでお尻を拭いてもらう。それが一番いいんだよ」

なるほどなあ、と思って聴いていて考えたのです。

「そうだ私はまだ下の世話をしてもらうところまではいってないけれど、いずれそうなる日にそなえて私の為の雑巾を作っておきましょう。そう思って娘や孫たちに頼んでタオルやシーツの古いのをどっさり持って来てもらってね、それを適当な大きさに切って縫い合わせて雑巾を作るんです。このまま捨ててしまえば単なるボロだけれども、きちんと型を整えて縫ってやれば『雑巾』という名前に変わって、もう一度役に立つ。ちょうど私のようにね」

「このままじっと座っておれば単なるボロのおばあさんだけれども、手を動かして縫い物をしていると誰かの役に立つんです。今ではね、目標があってひと月に百枚縫いあげてそれを病院や老人ホームに寄付しているんですよ」

おばあさんはそう言いました。

たとえ体は不自由でも、まだ動く両手を使って誰かの役に立つことをする——というのが、この人にとっては大きな生きがいだったようです。

五番目は「老飾すべし」。

少しはお洒落にも気を配りなさいよ、ということです。何もお金をかけてお洒落をしろ、という訳ではなくて、ちょっと髪の毛を櫛でといていくとか、気分を変えて色の違ったネクタイをするとか、お洒落というのは単に自分の気持ちを引き締めるというためでなく、今日出会う人に対していい印象を与えるという役割もあるのです。

人間幾つになっても人に見られるというのは緊張感を伴うもので、それが老化を防ぐ大きな力になるのです。

六番目は「老性を楽しむべし」。

幾つになっても男は男、女は女、そのことを忘れてはならない。もっと平たく言えば、幾つになってもときめく心を持たねばならない、というのでしょう。

良寛さんは七十歳を過ぎてから四十歳余り年の違う女性と恋をなさいました。ある時、病の床に伏していた良寛さんはついに重体に陥ります。驚いて駆けつけた貞心という若い尼さんに対して良寛さんはこういう歌を詠まれました。

いついつと　待ちにし人は来たりけり
　いまはあい見て　なにか思はむ

「いつ来てくれるかとずっと待ち続けていたよ。貞心よ、お前がやっと来てくれた。会えばあれも言おう、これも言おうと思っていたが、顔を見るともう何も言うことはない。心はこんなに満たされているよ」

そういう少年のような純情な歌ですね。良寛さんの恋歌です。七十歳を過ぎてもこんなに純粋な恋歌が詠めるというのは素晴らしいことだと思います。

人は素直な心、謙虚な心、何かを作り続けるという心、そしてもうひとつ大事なのは「感謝の心」というものを忘れてはいけないのです。

キラッと輝くものを

もう一人最後に私の檀家のおばあさんの話をいたしましょう。

はる子さんというおばあさんは、パーキンソン病でした。筋肉が萎縮して歩くことができませんでした。震える手で編み物をしたり、鉛筆で写経をしたりの毎日でした。八十六歳で亡くなった後、遺品の中から一枚のメモが見つかりました。それにはこう書いてありました。

「長い間仏様よりお預かりした手。便利に使わせて頂きました。けれどお返しする時が来たようです。震えたり、しびれたり思うように動かなくなりました。でも、良い手ありがとうございました」

そう書いてありました。

八十六歳のはる子さんは病気のために手が動かなくなったけれども、まだ足が動く。まだ、耳が聞こえる。目が見える。それもすべて仏様からの預かりものだと大事にされたのです。

露もまた　地におちるもの　煌《きら》めいて　（溝渕和幸）

朝露が草の葉末からポロッと落ちる時に朝陽にキラッと輝くように、私たちもまた人生の最後に当たって大地に、つまり仏様のお浄土に還っていく前に、何かひとつキラッと輝くものを残して去ってゆきたい。

最近、そんなふうにしみじみと思っております。

（「兵庫県高齢者放送大学ラジオ講座」平成十六年七月三日放送）

心のこだま（放送を聞いて）

凛々生

出石町　男性

生命天中不問程（生命は天中程を問はず）
病躯雖痩気縦横（病躯痩せたりと雖も気は縦横）
灰心老懶無空過（灰心老懶空過する無く）
香咲如花我欲萌（香り咲く花の如く我萌えんと欲す）

凛と生きる。お話、じっくりと心にしみました。四十五日間の入院生活に身も心もまいってしまって、何もかも手につかず、すっかりまさに空過の状態に日々を暮らしていました。凛と生きよ、との御法話に我に返ることが出来ました。

心のこだま（放送を聞いて）

わが手に感謝

新宮町　女性

中西先生は町の老人大学の講師に見えられました。著書も求めましたので、テキストに先生のお名前を見出した時から、とても楽しみに待っていました。

先生の本日のお話、しみじみ身に浸みて拝聴しました。檀家の人との対話を聞き、今まで当たり前のように思っていたことを、今更のように思い返しました。齢八十すぎまで、動くのは当然のように使ってきた手足でした。足は杖をたよりにしてもまだ自分の思う所に行けます。でも、先生のお話の中に語られていたおばあさんのように仏様からお預かりした手など考えてもいませんでした。何か頭をたたかれたように思いました。この手、よく働いてくれた手、主人を失ってからは、内職のミシンをこの手に頼って働きづめでした。今しみじみ手をながめ、よく働いてくれてありがとうと語りかけました。

心のこだま（放送を聞いて）

勇気の出る言葉、「凛々」

垂水区　81歳男性

「凛々」、私共の年代の男には思わず身の引き締まる、勇気の湧き出てくる言葉です。今時の若い人は、この言葉を聞いても恐らく刺激らしいものを感じることもなく、関心も乏しいでしょう。私達でさえも、昨今は、新聞雑誌等で見かけたり、さらには自らも使う機会が少なくなり、知らず知らずのうちに忘れかけていく言葉のように思われます。実は今朝の講話をお聞きして、我が八十年の人生を振り返り、忘れかけていた言葉を思い出し反省のシグナルの如く受けとめました。

私は無宗教、無信の徒で、余り法話等説教じみた話は聞いたことはありません。しかし、今日の「健老六訓」については特に感銘を深くしました。それらの教えを積極的に配慮し努力したいと考えました。何かにつけて不精になりがちな年齢になった今、本当によい講義を拝聴し、改めて健康に留意し、素直な心、謙虚な心で、人生の主役を忘れず前進を続けたいと思いました。

美しく老いる

おはようございます。今朝は「凛々と生きる」第二回の放送です。
あるお寺の門前を通りましたら、掲示板に次のような言葉が書いて貼ってありました。

ゆるやかに淵を流るる水の如く
深く静かに老いてゆきたし
五十代は曲がり角　まだまだ遠くに灯が見える
六十代は粋な季節　もう一度燃えねばならぬ
七十代は世の締めくくり　ぼちぼち身辺整えて

八十　九十でそろそろまいりましょうか

それは先週申し上げた「空過」、つまり空しく人生を過ごしながら老いてゆくのではなく、深く静かにしかも美しく老いるために、ひとつの目標としてどなたかが作られたのです。特に最初の二行は私の心に非常に羨ましく響きました。

ゆるやかに淵を流るる水の如く
深く静かに老いてゆきたし

毎日をバタバタと何かに追われるように過ごしている身にとっては、いつか時間のゆとりができた時にいままで成し得なかった事をゆっくりと学んでみたい。読めずに積んである本も読みたい、あるいは書道も学びたい、歌も学びたい——そんな思いでおります。

そしていつか七十過ぎ、八十過ぎまで命があったとすれば、深く静かな老いでありたいと思っています。

今、「老後」という言葉があります。昔は老後と言わないで「老入《おいれ》」と言ったそうです。よく考えてみれば、老後をどう生きるかなどというよりも「老入」つまり「老」にはいってからどうするか？　という昔のこの考え方のほうがふさわしいような気がします。

先ほどの歌は「五十代が曲がり角」、そして六十代、七十代と続くのですが、私が思うにこれは十年ずらして考えた方が目標としてはふさわしいように思います。

つまり「六十代が曲がり角」。人生の停年を迎える前にまず仕事の停年を迎えて、そこにひとつの曲がり角がある。でも、まだまだ遠くに灯が見える。

「七十代は粋な季節、もう一度燃えねばならぬ」、何か輝くものを残す為に恋をする人もあるでしょう、良寛さんのように。そしてまた、何かをこの世に残すために創作活動に意欲を燃やす人もあるでしょう。それはみんな粋な季節です。

そして「八十代は世の締めくくり、ぼちぼち身辺整えて九十、百でそろそろまいりましょうか」、こういうふうに十歳ずらしてこの文章を読むと、かえってその方が目標としてはふさわしいように思います。

もうひと花咲かせたい

ところで、毎月私のところへ一通の手紙が届きます。差出人は私の小学校時代の先生です。このお方はもう米寿に近いお年であるのに、日々の言葉に絵を添えて毎月送って下さいます。いったい何人の方に送られるのかわかりませんが、半紙半分の大きさに、その月々にふさわしい言葉と絵が描き添えられていて、私はそれによって大きな励ましや慰めをいただいています。ある時、その絵手紙のひとつに「老《おい》の入り舞《まい》」と筆で書かれた作品がありました。「入り舞」というのを辞書で引いてみますと、能楽や舞楽などで役者が舞台の正面で演目を舞い終えて花道に下がる時、短い舞を最後に舞って、そして揚げ幕の中に消えてゆく、その最後のひと舞を「入り舞」という、と書いてありました。

つまり、人生に於いてもなおもうひと花咲かせたい、という心の若さを表した言葉なのです。毎月多くの人に絵手紙を送り続けられる。そうして私のように受け取る人を励ましてくれる。この先生こそ「老の入り舞」を実践しておられるんだなといつも感心しています。

いくつになっても何か作るものがある、できることがあるというのは嬉しいことです。反対に、年を取って何もする事が無いということほど空しさを味わうことはありません。高齢でも溌剌と生きている人は何らかの仕事を持っています。あるいは何かの趣味を持っておられます。何らかの学習に意欲を燃やしておられます。

洪自誠という人の書かれた『菜根譚《さいこんたん》』という書物に、「日暮れて、尚烟霞絢爛《えんかけんらん》たり」という言葉があります。烟霞絢爛というのは、夕焼けがなお美しく西空を染めている、という意味です。

つまり、日は暮れても、夕焼けがなお美しく西空を紅く染めている。自然が事の終わりに彩りを添えるように、人間もまた晩年にあっては人生の暮れを美しく飾らなければならない、という意味です。

私の周りには八十八歳の恩師のように身も心も元気印の方が何人もおられます。老人というのをはばかられるほど、若々しく溌剌としていて、見ていても気持ちがいいです。そういう人生の先輩たちは、若い時に身につけた積極性が元気の元になっているようです。つまり、世の中の全てのことに興味や好奇心を持って学ぶという姿勢が大事なのです。

惜しみなく与えられるものがある

たとえ体が不自由になって、あるいは寝たきりになって何かを学ぶことができなくなったとしても、誰かに何かを与えるということはできます。

『無量寿経』という経典の中に、「和顔愛語《わげんあいご》　先意承問《せんいじょうもん》」という教えがあります。

和顔というのはなごやかな明るい笑顔。愛語というのは愛情の込もったひと言。先意承問というのは先方の意見をうけたまわり問いかけるという文字が使われていますから、「相手の気持ちを深く思いやる心」と理解していいでしょう。これこそたとえ一円のお金がなくても、たとえ寝たきりになっても、惜しみなく与えることのできる尊いお布施です。

たとえば「おはよう」という言葉があります。私たちはそれを朝の挨拶と呼んでいますけれど、挨拶というのも仏教の言葉です。「挨《あい》」というのは押す、叩く、迫るという意味があります。「拶《さつ》」というのは押し返す、開くという意味があります。つまり、「おはよう」と呼びかけることで自分の心も開き、またそれに対して「おはよう」と返事を返す人もまた自分の心を開いてゆくのです。お互いに心が開きあって、そこから気持ちが通じ合うのです。

何でもない「おはよう」という朝のひと言が相手の身になって出てきた時、それは単なる挨拶ではなくて「愛語」ということができます。

明るい笑顔の人というのは見ていてもこちらの気持ちがほぐされます。何年か前に但馬地方にある老人ホームを訪れたことがありました。廊下に敬老の日に写した集合写真が額に入れて十数枚掛け並べてありました。そのホームに入所しておられる方々の敬老の日の記念写真でした。

一番最初の写真を見ておりますと、中に一人、後ろに立っているおばあさんが手を胸の前で合わせてにっこり微笑んでおられるのです。他の人たちは皆すました顔をしているのに、そのおばあさんだけがいちばん後ろで手を合わせてにっこり笑っています。

多分このおばあさんは、その年に初めてこのホームに入所してきたんだな、そしてお友達ができてここに来られたことをこんな形で感謝して笑顔でおられるんだな、そう思いました。その次の年の写真を見ますと、このおばあさんがいちばん後ろの列ではあるけれど、まん中の方に場所が移っていて、やはり手を合わせてにっこり微笑んでいます。次の写真を見ると、一段下がった所に場所が移っていて、やっぱり手を合わせてにっこり笑っています。それ以後毎年の写真には、場所は変わってもおばあさんの合掌と笑顔は変わっていませんでした。

しかし、いちばん新しい写真が最後にありましたが、その写真の中にはもうそのおばあさんの姿はありませんでした。おそらくお浄土へ引っ越していかれたのでしょう。その時に見た何枚かの写真の中のにっこりと微笑まれた笑顔と、両手を胸の前で合わされた姿が今でも私の心に焼き付いています。言葉は聞こえなかったけれど、その写真の中から「ありがとう」と語りかけておられるようで、その笑顔と共に今でも鮮やかに記憶しているのです。

年を重ねて大して病気することもなく、周りの者に迷惑をかけないで、そして惜しみなく与えるものを持つことのできる人は幸せです。でも、たとえ元気でなくても、病の床にあったとしても人の幸せを祈ることはできます。それをお釈迦様は「先意承問」と言われたのです。相手の身になる、相手の気持ちを考える、そしてその相手の気持ちに対して感謝する。やさしい言葉やにこやかな顔つきで人を受け入れられることができたら、それは周りの人に対して安らぎとか、あるいは何とも言えない良い気持ちを起こさせることができるのです。

おとうさんの「ありがとう」

小学校五年生の高橋千里ちゃんという少女が書いた作文があります。これを要約して紹介しましょう。

千里ちゃんのおじいさんが四年前にガンセンターで大手術を受けて入院しました。千里ちゃんのお母さんが付きっきりで毎日病院通いをして看病していました。学校が休みになったある日、千里ちゃんは自転車に乗ってお母さんと一緒に病院に行きました。そしてお母さんに代わっておじいさんの体をさすってあげたり、お茶を飲ませてあげたりしたらおじいさんが大変

喜んで、

「今日は千里が来てくれてうれしいなあ」

「千里にさすってもらうと気持ちがいい…」

と嬉しそうに眼を閉じていました。

すると突然おじいさんの顔色が蒼ざめて、どうやら気分が悪くなったと見えます。

「おじいちゃん、大丈夫?」

いきなりお母さんがおじいさんの口元にパッと両手を開いて差し出しました。

「さあ、おじいちゃん、遠慮しないでここへ」

千里ちゃんはそんな介護の仕方があるのか…とびっくりしました。おそらく突然のことで受け皿を何も用意していなかったのでしょう。それでお母さんはおじいさんの口元にパッと両手を差し出したのです。千里ちゃんも思わず「おじいちゃん!!」そう呼びかけて自分のちっちゃな手をお母さんの手の横に並べて差し出しました。

それを見てびっくりしたのはおじいさんです。しばらくその四つの手をじーっと見つめていましたが、やがて下を向いたまま苦しいのを我慢していたんです。

お母さんが怒るようにいいます。

「おじいちゃん、なんにもがまんすることはないのよ!!」

「気分が悪いんでしょう!!　さあ!!　ほら!!　早く!!　楽になって…遠慮するなんてみずくさいじゃないの!!」

「ねえ、ほら早く!!」

どんなに呼びかけてもおじいさんはグッと唇をかみしめ、両手で胸の所を押さえるようにしてがまんしているのです。がまんしてがまんして、やがてどうやら気分がおさまったと見えて、

「ありがとう、ありがとう」

「すまん、すまん」

そう言いながらお母さんの手と千里ちゃんの手を自分の両手で押しやりながら、その両手を合わせてボロボロ涙をこぼしました。普通なら洗面器や新聞紙を探して大騒ぎするのに…。

「お母さんは偉い」と千里ちゃんは思いました。

その夜お父さんが会社から帰って夕食が終わった後、千里ちゃんは今日自分が病院で見たことをお父さんに話しました。

「お母さんには頭が下がるね。実の父親でもなかなか父さんにはできんことだ」

やがてお母さんが台所仕事を終えて茶の間に入って来たのを見て、お父さんはお母さんに向

かって深々と頭を下げました。お母さんが言いました。
「そんなこと当たり前じゃないですか。両手で受け取ることが別に気持ちの悪いことでもなんでもないのよ。親じゃないですか。私の母もおじいちゃんのオムツの世話をしてきたのよ。それにねぇ、今日は私が悪いの。うっかりしていてつい受け皿を用意しなかったばかりにおじいちゃんに辛い思いをさせてしまったんですよ。お父さんどうか頭を上げて、家族ですもの、当たり前のことでしょ」

するとお父さんはお母さんの手をギュッと握りしめて「ありがとう」、そう言って深々と頭を下げました。

お母さんの白い優しい手を通して、千里ちゃんは本当の家族とは何か、ということがきっとわかったでしょう。「ありがとう」のひと言でも愛情と真理に満ちた言葉であればそれは「愛語」と言います。命から命へ、心から心へ、ふれあって生まれるのが「ありがとう」の愛語です。そのひと言がお互いの命を支えます。人の幸せを念ずる人に本当の幸せが宿ります。

（「兵庫県高齢者放送大学ラジオ講座」平成十六年七月十日放送）

心のこだま（放送を聞いて）

静座を始めました

神戸市西区　69歳女性

もうすぐ七十歳になります。お話によると、今の時代に合わせてもう一度燃えねばならぬことになります。何に燃えましょうか。やっぱり私には踊りしかないようです。集まっては「凛と生きたい」と願っている五人組（中学時代から五十六年来の）の一人がボランティアに行っておられるホームの皆様に踊りを見てもらって楽しんでいただけたら、そして私も楽しめたらと思っています。それが今の大きな目標になっています。人と人との交わりの中で、真心の通い合えるキラリとした一瞬を感じ合えたら最高です。

努力不足を感じる昨今、ささやかなことにも喜び、一日一日を丁寧に大切に過ごすため、また、「和顔愛語」をもって過ごすために、一日の終わりに十分間の静座を始めました。

心のこだま（放送を聞いて）

今思うと

尼崎市　74歳女性

素晴らしいご講話の中で「先意承問」という言葉が印象に深く残りました。相手の気持ちを深く思いやる心をいうのだそうですが、おじいさんとお孫さんの事例のお話を聞き、自分にあのようなことができるだろうかと思うと恥ずかしさで一杯になりました。

今まで、相手の言葉に傷つき落ち込んだことがよくありました。今思いますと、相手を思いやる優しさが自分に欠けていたのだと気づきました。昨今は、常に「ありがとう」の感謝の言葉を忘れず、朝夕、自分を振り返り、まわりの人の幸せを願っています。

心のこだま（放送を聞いて）

中西玄禮住職の講座から

神戸市東灘区　女性

一　生老病死の世界にて　生まれた以上は頑張って
生命の花を咲かせよう　今日も咲いた美しい

二　お金を持って友持ちて　今日も咲いたよ凛として
花のように愛らしく　素直な心で暮らしましょう

三　年をとっても身を飾り　心にシワを作らない
感謝の心をわすれずに　素直な気持ち持ちつづけ

四　深く静かに老いてゆく　七十代でしめくくり
八十、九十そろそろと　ぼちぼち用意をしましょうか

五　これから後はお互いに　楽しいことを思い出し
残る人生楽しみて　今日も静かに暮れてゆく
（戦友のメロディーで歌ってみてください）

心のこだま（放送を聞いて）

深く老いたい

篠山市　68歳男性

七十代に差しかかる直前にして「凜々と生きる」と題した講義をお聞きし、自分を見つめる良い機会となりました。

教職生活を終える頃だったろうか、卒業生からの「上手に老いなあかんで」という忠告に感謝し、肝にも銘じていた。しかし、今日の先生のお話で取り上げられていたお寺の門前の「ゆるやかに渕を流るる水の如く深く静かに老いてゆきたし」という言葉をお聞きして、何か目標が出来たような気がします。

放送大学を紹介していただいたお陰で、この放送を聞くことができました。これがなかったらずるずると老いていたことでしょう。

死ぬまで大丈夫

おはようございます。大覚寺の中西玄禮です。もう、師走にはいりました。何となく気ぜわしい昨今です。

ところで、新聞に、七十二歳の女性がこんな投書をしていらっしゃったんです。ちょっと読んでみます。

買い物をするために街を歩いていると、後ろから「おばあさん、おばあさん」と呼び止める声がする。私のことではなかろうと思って、そのまま歩き続けていると、「おばあさん!!」という声が近づいてきた。周りには人影もないので、立ち止まって振り向くと、同じ年配の男性が息をはずませて追ってきた。

「おばあさん!!　あんた足がえろう早いなぁ。さっきから呼んでいるのが聞こえんのかいな。駅へ行く道をたずねたいんじゃ。なあ、おばあさん、教えてくれませんか？」

何て失礼な人なんだろう。他人に道をたずねるのに、おばあさん呼ばわりするなんて!!　私はあまりの無礼さに腹立たしい思いがし、駅へ行く道とは全く逆の方角を教えてやりました。おかげで気分がスッキリしました。

こんな投書でした。映画の解説者風に言うなら「いやー、女性って本当に怖いものですねえ」。おばあさんと呼ばれただけで反対の道を教える。そこまでやるか、と思います。それだけ怒りが大きかったんでしょう。私はこの話を読んでから、むやみに「おばあさん」と呼びかけないことにしました。

失うものとやって来るもの

どうして人は「おじいさん」「おばあさん」と呼ばれることを嫌がるのでしょうか？　それ

は「後がないからだ」という説があるのです。つまり「お兄さん」「お姉さん」の後は「おじさん」「おばさん」というのがあって、その後は「おじいさん」「おばあさん」がある。が、もうその後はというと、「ご先祖様」しかないのです。

「おじいさん」「おばあさん」という呼び方が決して間違っているという訳ではないのです。ただ時と場合を考えず配慮に欠けると、相手を傷つけ、そして、失礼になってしまうということもあるのです。それにしても、年を取っていくというのは、人間淋しいものです。

最近、老人の「三失《さんしつ》」「三悪《さんあく》」ということが言われているのです。「三失」とは、年を重ねると共に三つ失うことがあるのです。失うと淋しくなるものです。

それは何かというと、一つは、「体力」です。いままで、当たり前にできていたことが、だんだんできなくなってくる。眼が見えなくなる。あるいは耳が遠くなる。なにげなく上がっていた階段が、自分の足ではもう上がれなくなる。当たり前に布団を敷き、朝起きるとそれをたたみ、顔を洗い、歯を磨くという何でもなかったことが、だんだん難しくなってくるのです。「体力」が失われてくると、「気力」も共になくなってきます。

そして、二つ目になくして淋しいのは「役割」です。老人会や地域の婦人会等の役割は、元気な間のことで、体が動かなくなると、家の仕事さえさせてもらえなくなります。「ただもう、テレビの番をするだけが役割です」なんて言われる方もあります。

そして、三番目は「配偶者」です。連れあいを亡くす。もちろん若い頃には淋しいというよりも、生きていく上で非常に辛い思いをする訳ですけれど、年を取ってから、いままで連れあってきた相手に亡くなられるというのは本当に淋しいものです。

これを「老人の三失」と言います。なくなるものがあると、逆に近づいて来るものがあります。「貧乏神」と「疫病神」と「死神」がやって来るんです。

「貧乏神」がやって来る——だんだんお金が無くなる。年を取ってお金が無くなっていくというのは、これはもう淋しいというのではなく、生き方に関わってきます。

さらに、「疫病神」がやって来て、病気で倒れたりすると、生きていく気力、体力がなくなり、その上に病気ですから、これは大変辛いことです。「死神」というのは、案外孤独な人に取り憑くものなんだそうです。この「貧乏神」「疫病神」「死神」が取り憑いて孤独になってしまうと、生きることが淋しいどころか、とても辛くなるんです。

世界的な心理学者だったスイスのユング博士は人間の幸福の条件を五つあげています。

一番目は「健康」、二番目は「自分で程良いと思う程度のお金」、三番目は「美しいことを知る能力」、四番目は「人間関係」、そして五番目は「朝起きた時にやらねばならぬ仕事がある」

ということです。

でも、考えてみると、この五つは先程申し上げた、老人の「三失」と「三悪」の逆のバージョンなんです。つまり、「三失」と「三悪」というのがなければ、このスイスのユング博士の言われる条件が満たされる訳です。つまり、健康が保たれて、お金があって、良い趣味を持って、そして感動する心を養っていく。まあ、ここまでは皆さんも普段から心がけていらっしゃるでしょう。

大事なのは、あとの二つ。語り合う連れあいや友人がいない。そして時間とエネルギーを持て余して一人淋しく老後の生活を送る。これでは、ただ一日一日を空しくすり減らしているに過ぎないのではないでしょうか。また、年を取っても「なんにもすることがない」ということほど空しさを味わうことはないでしょう。

老齢で溌剌と生きている人は何らかの仕事を持っています。そして、何らかの学習に意欲を燃やしておられます。洪自誠という人の書かれた『菜根譚』という書物にこんな一節がありま す。「日、既に暮れて尚、烟霞《えんか》絢爛たり」。わかりやすく言いますと、「日はもう既に暮れても、夕焼けはなお美しく西空を染めて、そして時期はまさに熟して一段と芳《かんば》しい香を放っている。自然はことの終わりにこそ光を添えてくれる。人間もまた晩年にあっては、その人生の暮れを美しく飾らねばならぬ」という意味なんです。

いい人といけない人

人間は七十歳を過ぎると二つのタイプの人に分かれるといいます。それは、どういうタイプか？　といいますと、「いけない人」といわれているか、または「いい人」と思われているか、どちらかなのです。皆さんはどちらでしょうか？

この「いい人」というのをさらに四つに分けて、さきほどの「いけない人」も合わせると五つのタイプになります。

一番いいのは、「いけない人」といわれているのが最高なのです。どういうことかといいますと、上にもうひと言付いて「居なければ、いけない人」。いてもらわなければ困るという人、これが最高なんです。後の四つは全部「いい人」です。

二番目は何かといいますと「いたほうが、いい人」。いてもらうと、食事の支度もしてもらえるし、留守番も頼める。しかしひと言文句が多いとか、気が短いとか、頑固だとか、あれさえなかったらなぁーといわれている。こういうのは、「いたほうがいい人」なんです。

三番目は「いてもいなくてもいい人」。こういう「いい人」もあるのです。居てもらったからといって特別に役に立っている訳でもなく、居ないからといってそう淋しいとも思わない。四番目は「いないほうがいい人」。もう「顔も見たくもない」という人です。最後の五番目はいい人には違いないのですが、「死んだほうがいい人」。世の中にいない方が世間のためになる、そんなふうに思われている人が中にはあるかもしれません。同じ人生を過ごすのであれば、「いなければいけない人」、そういわれる人生を送りたいものです。

私の周りには身も心も元気印の老人が何人もいらっしゃいます。こういう人は「四つの気」というのを持っておられます。「やる気、負けん気、朝起き、根気」です。こういう人は若々しく溌剌としておられるから見ていても気持ちがいいです。このような人生の先輩たちには一つの共通点があるのです。それは「惜しみなく与える」というものを持っているのです。仏教ではこれを「布施」といっています。

癌で亡くなった作家の高見順さんの作品に新聞少年を讃えた詩があります。ちょっと読んでみましょう。

何かを俺も配達しているつもりで

今日まで生きてきたのだが
人の心に何かを配達するのが
俺の仕事なのだが
この少年のようにひたむきに
俺は何を配達しているだろうか
　おはよう
けなげな少年よ
君は確実に配達できるのだ
少年の君は
それを知らないで配達している
知らないからこそ配達できるのか
配達できる時に配達しておくがいい

このようにうたったあとで、高見順さんはいいます。「そうだ、俺は俺の心を配達しよう」。

あなたはご自分の周りの人々に何を配達できるでしょうか。自分を取り囲むすべてのご恩に報いるために、何かを配る人間でありたいものです。

それを仏教では「布施」といいます。財産がなくても、仮りに寝たきりになったとしても、人に与えることのできる「無財の七施」という教えがあります。

一つは「慈眼施」。優しい眼差しです。二つ目は「和顔施」。明るい笑顔。三番目は「愛語施」。愛情の込もった言葉。四番目は「身施」。ちょっとした仕事や動作行為。最近チョボラという言葉があります。チョットしたボランティア。仏教ではそれを「身施」といいます。五番目に「心施」。相手を思いやる心配りです。六番目は安心して居られる座席を提供する「床座施」。そして最後の七番目は「坊舎施」。建物の施しといっても、自分の住んでいる家を人に提供するという訳ではなくて心の中に軒先や縁側を持ちましょうということです。

人から相談された時、黙って聞いてさしあげる、それを「聞施《もんせ》」といってもいいです。何も与えることができなくても、人の悩みや苦しい心の思いを黙って聞いてあげる。これも立派なお布施なのです。

ある御婦人が自分の母親のことを、こんなふうにおっしゃっていました。

「私の母さんは八十七歳であの世に旅立ちました。一周忌が過ぎても思い出す母の姿はいつもニコニコと嬉しそうにしています」と。

「母さんは姉の家に同居していて、家族みんなにそれはやさしくされていたけど、腰と足の痛みには本当に悩まされ続けて、ほとんど寝たきりの状態でテレビだけが毎日楽しみだったんです」

そのあまり動けない母親が、ひとつだけ自らかってでた役割があったというのです。それは「お祈り役」です。娘の家族や知人の幸せをいつも祈り続けていたのです。身内の者は困ったことがあるとおばあさんの所へ頼みに来ます。「今度うちの子が高校受験するので、一生懸命勉強しているから合格するようにご先祖さんにお願いしてね」、入試や就職や旅行の安全、様々です。おばあさんは仏間に寝たまんま仏様や御先祖様に一生懸命お願いします。また、このお祈りがよく効いておおむねいい結果が出るのです。みんな喜んでおばあさんのところへ感謝の報告に行くと、「よかったねぇ」とニコニコして言います。体が思うようにならなくても心はいつも穏やかでおられたのです。

「ありがとう」のお別れ

亡くなる前日のことです。日課のように母親の枕元に座っておしゃべりをしていくこの奥さんに突然、「みんなのお世話になったわねぇ、ありがとう。私がいなくなったらご縁のあった方々にありがとうよろしく言っていたと伝えてね」と言うのです。

何だか変だなぁ…と思いながら奥さんが自分の家に戻った次の朝、心筋梗塞の発作が起きて奥さんが駆けつけた時はもう息も絶えだえでした。

お姉さんと二人でお母さんの手を一つずつ握りしめて、耳元でいつまでも「おかあさ～ん、おかあさ～ん。ありがとうとお礼を言わなくてはならないのは私たちの方じゃないの。本当にいままでありがとう、ありがとう、ありがとう」、そう言い続けていると、どうやらそれが聞こえたらしくかすかに笑って頷いてくれました。

でもそれが最後でした。この奥さんはこう言われます。

「お互いの別れの言葉は『さようなら』ではなくて、『ありがとう』でした。悲しい中にも、それはとても嬉しいことでした。人は皆いつか老いて別れを迎えます。私もできればその日まで何かのお役に立って母のように『みなさんありがとう』こんな別れの言葉ができたらいいなぁと思います」

この方のお母さんはたとえ八十七歳という高齢であれ、寝たきりであれ、家族にとって、あるいは周りの人にとって「いなければいけない人」だったんです。たとえ元気ではなくて、病の床にあったとしても人の幸せを祈ることはできます。感謝の気持ちをもってやさしい言葉や、にこやかな顔つきで人を受け入れられれば、周りの人に安らぎと快い気持ちを起こさせることができます。

いずれ私たちも体力や役割やそして配偶者を亡くすということがあります。これは避けられないことです。でも「三悪」という貧乏と病気と孤独の三つは、防ごうと思えば自分の気持ち次第で防ぐことはできるのです。特に「孤独」というのは気持ちの持ちよう一つで逃れることはできます。

それはさきほど申し上げた「与える側に立つこと」です。やさしい眼差し、あるいは明るい笑顔。「おはよう」と誰にでも気軽に挨拶のできる言葉を愛語と言います。明るい笑顔と愛情のこもった言葉、この二つだけを実践してもそれはロウジンと言えるのです。この場合のロウジンは「老いた人」ではなくて「朗らかな人」です。「朗人」。

私たちは同じロウジンと呼ばれるのならば朗らかな人、明るい人という意味の「朗人」でありたいです。「愛語」を表した言葉がありますので最後にそれを紹介しましょう。

一つの言葉でけんかして

一つの言葉でなかなおり
一つの言葉でおじぎして
一つの言葉で泣かされた
一つの言葉はそれぞれに
一つの心を持っている

人の幸せを念ずる人は、愛情のある言葉をかけることもできるし、またそういう人こそ本当の幸せが宿るのだと思います。

（「兵庫県高齢者放送大学ラジオ講座」平成十九年十二月一日放送）

心のこだま（放送を聞いて）

思いやり、明るさを大事に

宍粟市　70歳男性

中西先生のお話を聞き、本当に感動し、さらに生きる意欲を貰いました。以前は病気の為に、生きているのが精一杯という心境でした。ガン細胞をやっつける為に多量の抗ガン剤を投与してきた関係で、体内の機能が弱まり、この六年間位は、全てに意欲が持てず、タバコを吸ってもその火が明るくならない、歩いても百ｍも続かないという状況でした。ところが、生活のことや「孫の守」で活力を得、「良き爺」になるという目標ができたお陰で、やさしさや明るさ、幸せの言葉、思いやりなどを身につけ、人との交わりや良い点を見習い、必要とされる人になることが大切であることを実感しました。その後は、その為には先ず健康になることが一番であると考え、気力を取り戻して頑張ってきました。現在は、病後九年が過ぎようとしていますが、一時間ぐらいは仕事もできるまでに回復しました。自分なりに思いやりや明るさを大事にしてこれからも頑張っていきたいと思っています。

心のこだま（放送を聞いて）

「七施」の内「一施」でも実行

播磨町　女性

ハッラッと生きている人は、「惜しみなく与える」ものを持っておられるか「布施」の心を持っておられるかだ。なる程と思いました。その人と会っていると本当に楽しくなり、自分もその人にあやかりたいと思うような人は、前向きな生き方をされている。全くその通りだと思いました。また、たとえ寝たきりになっても、与えることができる役割もあることを知りました。お祈り役、なるほどなるほど。人間には二つのタイプの「いけない人」、「いい人」がある。「いなければいけない人」と言われる様にして、間違っても「死んだ方がいい人」にならないように、一日一日を大切に「無財の七施」の教えの一施でも心がけて生きていきたいと思います。

心のこだま（放送を聞いて）

常に布施の心を心がけて

姫路市　69歳女性

中西先生のお話をお聴きし、目が醒めるような思いがしました。私は、常日頃から膝の痛みで困っていますが、膝以外は内臓も健康で元気、つまり老人の三失のうちの一つ「健康」が健在です。また、孫の面倒が負担に思えたり、畑仕事も気になり…、と追われるような気持ちでやっていたことが実は「役割」を与えられているのだということ、些細なことで言い合いになってしまう主人ですが、私を支えてくれる「配偶者」がいてくれるということ等、今まで当たり前に思っていたことにもっと感謝しなければならない。もっと前向きに生きなければならないと思いました。「惜しみなく与える」布施の心を常に心がけて生きていきたいと思います。

日々に新しく

十二月八日は太平洋戦争が始まった日なのですが、仏教の方ではお釈迦様が二千五百年ほど前に悟りを開かれた「成道会《じょうどうえ》」という特別な日なのです。

そのお釈迦様は八十歳まで長生きされました。二千五百年ほど前の時代に八十年という生涯を送られること自体が大変驚きです。

昔話にこんな話があります。どうして人生が八十年となったか、というお話です。

昔々、神様がこの世を治めておられた頃、生き物の寿命がまだ定められていなかったので、これを決めてやろうと考えて、おふれを出しました。

「すべての生き物に告ぐ。寿命を決めるゆえ、早々に集まれ。命の長さは到着順に与える」

これを見て最初にやって来たのは人間でした。

「一番に到着するとは感心である。褒美に寿命を沢山与えてやろう」

「人間の寿命は五十年とする」

こうして「人間五十年」がこの時に決定しました。ところが人間は不満顔でした。

「せっかく一番に駆けつけながら、たった五十年とはそりゃあんまりだ。神も仏もあるもんか」

馬齢と犬齢

ふてくされてふくれ面をしておりました。神様も決めかねていますと、次にやって来たのは馬でした。

「おお、馬か。ウマイところへ来た。人間はなあ、五十年の寿命でも不満顔なので困っておった。馬は三十年でどうじゃ」

馬はそれを聞くと泣いて訴えました。

「神様、私は三十年も生きたくありません。生まれてから死ぬまで立ちずくめで働き、ムチで叩かれて走り続けるのは辛いことです。もっと短くして下さい」

「欲のない奴だなあ。何年ぐらいが望みか」

「せいぜい五、六年で結構です」

「そういう訳にもいくまい。では十年にしよう」

こうして馬の寿命は十年と決まりました。

「人間よ、馬に与えるつもりの寿命が二十年余った。先程の五十年にこれを足して七十年でどうか」

ところがそれでも人間は不満顔でした。馬の余りをもらって喜べるか、という顔つきでそっぽを向いていました。神様はまた困ってしまいました。

三番目に犬がやって来ました。

「やあ犬よ、良いところへ来てくれた。人間がなかなか承知しないので困っておった。犬は三着なので二十年の寿命をやろう」

すると犬は悲しげに泣きました。

「神様、それはあまりにも残酷です。小さい時はかわいがってもらえるが、大きくなると見向きもされず石を投げられ、棒で叩かれ、追われ追われて一生を終わります。そんな人生…いやいや犬生は五、六年で充分です」

「そうか、欲のないことだな。では犬も十年にしよう」

こうして犬の寿命も十年と決まりました。余った十年の命を、これも人間に与えることにしました。結局人生八十年となりました。めでたしめでたし。こんな昔話、お聞きになったことありませんか。

五十歳を過ぎると「馬齢を重ねる」と言います。それは馬からもらった齢なんです。そして七十を越えたら「犬齢」と呼んでいます。犬の年齢、犬の寿命の余りの齢だから犬齢というんです。馬齢と犬齢。この昔話、五十歳を越えてなすこともなく老いることを戒めた説法として永観堂八十七世の森準玄上人がお説教で何度か話され、その都度大笑いしながら聞いて妙に納得したものでした。

人間の寿命が長くなるというのはそれだけ老いの時間が長くなるということです。さきほど申し上げた釈尊は、人間誰もが避けられぬ苦しみとして、「生老病死」の四つの苦しみを説かれています。生まれて生きる苦しみ、老いてゆく苦しみ、病を得る苦しみ、死んでゆく苦しみです。

こんな言葉もあります。

生まれた時は喜ばれ
老いては嫌われ
病んでは飽《あ》きられ
死んでは忘れられ
――で　あってはならない

最後の一行がいいです。私たちが必ず遇わなければならないものとして、一つは「老いていく私」、二つは「病の私」、そして最後は「死ぬであろう私」。まったく不本意であるけれど、やはりこれは現実として受け止めねばなりません。老いていく身は切なくて、病の身は哀しくて、まして死んでいく身は情けないことです。人生の暮れをどう迎えてどう過ごすか。人は皆必ず「老」を迎えるのだから、嫌われて空しく老いるよりも美しく老いる生き方をしたいものです。

京都の大徳寺や南禅寺など有名なお寺でいわゆる「名園」と呼ばれている庭を拝観することがありますが、そんな時必ずと言っていいほど出てくるのが「作　小堀遠州」という名前です。この小堀遠州という人、元々は豊臣秀吉の小姓を勤めていたのですが、後に徳川家康に仕えて遠江守となって遠州と号した大名茶人です。千利休や古田織部に続く将軍家の茶道指南として一時代を代表する人物です。その茶風は彼が作り上げた庭園や建築と同じく明るくて大らかで軽快なものでした。

特に小堀遠州が好んで用いたお茶の道具は「きれい寂《さ》び」と表現されています。華やかな内にも寂びのある風情を大切にしたのでしょう。この「きれい寂び」という言葉は人の生き方にも当てはまると思いませんか。

年と共に枯れて淡白――であるだけではなくて若々しく華やかな人生。いや、年齢に関係なくいつまでも情熱を燃やし続けられる人こそ「きれい寂び」の人生と言えるのではないでしょうか。

美しき人になりたい

早稲田大学にかつて会津八一という教授がいて、私の周辺にもこの教授の教えを受けたという方が何人かおられます。東洋美術史の専攻で、文学博士であって、しかも歌人としても第一級の人でした。その号を秋艸道人といいます。この秋艸道人、会津八一先生が門弟のひとりに

当てた手紙に、

ご同様、気をつけておちつきて
美しき人になりたく候

という一節があるのです。凛とした響きのある美しい言葉です。美しく生きたいと願うのは何も若い女性ばかりではありません。男も女も、若者も中年も、そして人生の老境にさしかかった者ならなおのこと、自らの人生を美しくさわやかに生き生きと生きたいと願うはずです。では何をもって美しき人と言うのでしょうか。秋艸道人は手紙の中で次のように述べておられます。

今も昔も同じこと乍ら
世上には人格のあざやかなる人少なく候
人格の美しく尊き人はさらに少なく候

つまり人格のあざやかなる人、人格の美しく尊い人、そういう人こそ秋艸道人会津八一先生の理想像であったのです。紀野一義先生は会津八一さんを次のように評しておられます。

「秋艸道人は誠美しき人であった」

「心の落ち着き、忍耐、犠牲的精神、勇猛心、それを厳しく自己に課してきちんと実践した人である。男のあるべき様たる厳しさ、強さ、激しさに徹した人である。それだけに男として稀にみる美しき人であった。稀にみる偉丈夫であった」

そのように述べておられます。

昭和十五年に刊行された会津先生の歌集に『鹿鳴集』というのがあって、これは先生が若い頃、奈良の古いお寺を巡った時に歌われたものです。特に私の好きな歌を挙げるとするならば、唐招提寺を歌われた、

おおてらの　まろきはしらの　つきかげを
つちにふみつつ　ものをこそおもえ

この歌など口ずさむと、本当に気持ちがさわやかになります。

ご承知のように、唐招提寺は鑑真和上が中国から戒律を伝えるために日本に来られて、そして後に住まわれたお寺です。その唐招提寺の金堂の前にエンタシス型の丸い柱が八本並べてあります。神殿の前に丸い柱を並べるというのはギリシャの影響があるのです。

その建て方の影響がシルクロードを通って中国に伝わって、そこからまたこの日本に伝えられて来ました。ですからこの唐招提寺という寺は単に奈良に建てられたというだけではなくて、ギリシャの文化やその当時の世界中の文化が集まってきた大唐帝国の影響を受けたお寺なのです。ですから、その丸い柱に月の光が当たって長い影をひいている。その影を土の上に踏みながら、グローバルなものの考え方をしなければならない、という思いがこの歌には込められているのです。

そしてもう一つ薬師寺の東塔を歌った歌があります。

すいゑんの　あまつおとめが　ころもでの
ひまにもすめる　あきのそらかな

薬師寺の東塔の屋根の上に、九輪という九つの輪を乗せた柱があって、そのいちばんてっぺんに水煙と呼ばれる飾りが付いています。天女が空を舞っている姿がデザインされていて、天《あま》つ少女《おとめ》、つまり天女が衣をひるがえして舞っている、その隙間からも大和のきれいな青空が透けて見えることであるよ、という透明感に溢れたとても美しい歌なんです。

命にめざめよ

会津八一先生は自らの書斎を「秋艸堂」と名付けておられました。その書斎には「学規」と名付けられた四項目の言葉が掲げてあったといいます。この四箇条は人生を美しく生きるための規範であって、しかも今の時代に通じる人生訓でもあります。その学規四項目を読んでみましょう。

一、深くこの生を愛すべし
一、省みて己を知るべし
一、学芸をもって性を養うべし
一、日々新面目あるべし

格調の高い言葉で表現されていますけれど、それぞれに深い思いが込められているのです。まず第一番目に「深くこの生を愛すべし」という言葉があります。生とは我が人生であり、また私の命そのものでもあります。最近はあまり言われなくなりましたけれど、かつて結婚式で職場の上司、あるいは仲人さんが新郎新婦に贈る言葉として、「三つの袋を大切に」といわれたことがあります。「お袋」と「胃袋」と「堪忍袋」。考えてみるとこの三つの袋はすべて命というものに関わっていて、時代を越えて大切にされねばならぬ教えなのです。人として真に幸せな正しい生活をするために、またお陰さまの中に生き、大きな「いのち」によって育まれて暮らしていることへの感謝の気持ちを忘れぬために大事にすべき袋なのです。

まず第一にお袋とは私の親の命です。私がこの世に生まれて来るためには二人の親が必要ですし、その二人の親がこの世に存在する為には四人の祖父母が必要です。更にその上には八人の曾祖父母がいてくれました。三代遡っても十四人の「親」と呼ばれた人がこの世に存在した訳です。

そうすると「お袋」という袋の中には三代で十四人、五代、十代、あるいは二十代と遡っていくと何万、何十万あるいは何百万という先祖の命があって、その網の目が一つでも狂っていれば私という命はこの世には存在しないのです。従って、三つの袋のうちの「お袋の命を大切に」ということは親の命を通して先祖の命を思い、そのことに感謝しようという心です。

おふくろという袋の中に眼に見えない多くの先祖の命が含まれていて、実にその総和がこの私の一身につながっていると思うと、ただ驚きと感謝を感ぜずにはおれません。無数の先祖の命を遡れば「無量寿」という仏の「いのち」に包含されているのが私の命であると受けとめることができます。単に自分を生んでくれた父母を想うだけでなく、母の中のあらゆる命を生み出してくる「永遠の母性」にめざめなければなりません。それが「仏に出会う」ということなのです。

二つ目の「胃袋」とは私の命です。せっかくこの世に生まれ出た命ですから、その命を大切にしようという教えが「胃袋」という袋なのです。仏教では「人身受けがたし、今すでに受く」と三帰依文を唱えます。せっかく親から与えられた、この二度とない人生を、命ある限り精いっぱい生きることとです。

三番目の「堪忍袋」というのは私とわが両親、あるいはおじいさんおばあさんを除いたその他のすべての命——兄弟であったり、おじさんおばさんであったり、ご近所の方であったり、私が一生を通じて出会っていくいろんな人々と共に生きていくためには、まず自らの我を抑えて、そして相手の命を尊《とうと》んでいくという心が必要なのです。仏教では「忍辱《にんにく》」といいます。そのためにはどこかで自分が我慢するという心が必要になります。それが三つ目の「堪忍袋」という袋なんです。

法然上人はご法語に「多生曠劫《たしょうこうごう》をへても生まれがたき人界に生まれ、無量億劫をおくりても値《あ》いがたき仏教に遇《あ》えり」と述べられて、人として生まれ仏教に出会えたことを「難値得遇《なんちとくぐう》」と感謝しておられます。いただいた命に感謝し、仏と出会えたよろこびの念仏生活を送ることが、法然上人の勧められた人間の本当の生き方なのです。「いのち」への深い思いの中に、お念仏の安らぎを見出して、この人生の旅路を歩みたいものです。

「省みて己を知るべし」。生きてゆく上で自己主張だけをしていくと孤独になります。多くの人と心を合わせて生きてゆくためには、絶えず自分自身を反省するという心も必要です。「つもりちがい十ヵ条」というのがあります。

高いつもりで低いのが　教養
低いつもりで高いのが　気位
深いつもりで浅いのが　知識

浅いつもりで深いのが　欲望
厚いつもりで薄いのが　人情
薄いつもりで厚いのが　面の皮
強いつもりで弱いのが　根性
弱いつもりで強いのが　自我
多いつもりで少ないのが　分別
少ないつもりで多いのが　無駄

実にこれは的を得た教えです。私たちはまったくその逆の、教養は高いつもりであり、気位は低いつもりであり、知識は深いつもりでいる訳です。でも本当はまったく逆であったりします。

そういう己を知れ、というのが二番目の教えです。

そして三番目は「学芸をもって性を養うべし」。いくつになっても学び続けるということは大事なことです。その「学ぶ」という心が私の人間性を高めてくれます。

そして最後は「日々新面目あるべし」。毎日が新しいという生き方をするためには、新しいしことへ挑戦するという気持ち、体を動かすことも苦にしないという心、そして我が人生を楽しむという生き方、それこそ「美しき人になりたく候」という会津八一流の生き方であろうと思います。二度とないこの人生を凛々と明るく強く生きてゆきたいものです。

（「兵庫県高齢者放送大学ラジオ講座」平成十九年十二月八日放送）

心のこだま（放送を聞いて）

凛々と輝いて

篠山市　92歳男性

六十五歳で老人会を勧められ、抵抗を感じながら渋々入会しました。あれから幾星霜、現在九十二歳で思いもよらぬ高台に到達です。周囲の友達は、全く伽藍堂のようになり淋しい限りです。でも、私は幸い地域や県の施策のお陰でデカンショ大学、ＯＢ大学、現在は県の放送大学と休む暇なく自ら進んで学び続けてきて良かったと心から感謝しています。今朝の素晴らしいお話も放大のご縁があったればこそと一言一句肝に銘じて拝聴しました。人生の全てともいえるお話の数々、誰もが四苦から逃れることが出来ないからこそ美しい生き方や老い方が求められる、また、三つの袋の大切さ等、これまで何げない言葉として聞き逃していた真髄が理解できた喜びを感じました。これらは余生僅かな私への餞のお言葉と感じ、感慨一入の心境となりました。全ては手遅れの感がありますが、一つでも素直に反省、実践して、美しく老いる努力だけは怠りなく精進し、心だけは生き生きと美しく華やかで何時までも情熱を燃やし続けて凛々と輝いて生き抜きたいと考えております。

美しい夕暮れの中で

明石市　72歳男性

「生・老・病・死」の四苦、「美しき人」の講話も感激でしたが、会津八一教授書斎の「学規」四か条は私の心に深く響きました。これまで生きてきた私の僅かな人生蓄積をどのようにすれば世のお役に立てながら元気で生きていけるかと考えてきましたので大変参考になり、何か元気を貰った気がします。「日々新面目あるべし」は前三か条について毎日を感動と感激の中で生活することと私流に理解しています。その為にも日々の努力が必要と思われます。毎日を満足と老いの反省で終え、楽しい予定のある希望の明日を迎える生活が理想です。美しい夕暮れの中で楽しい生活を送る人生を目指したいものです。

心のこだま（放送を聞いて）

大きく書いて貼り付け

加西市　69歳女性

丁度主人が胃癌と宣告され、手術をして一ヶ月目の日でした。ベッドの中で放送を聞いていた主人が、「こんな立派な話、蒲団の中では勿体なくて聞いていられない」と起きてきました。くよくよと落ち込んでいたのに元気が出、意欲も出たのでしょうか。「病んで厭われ」になってはいけないと思ったのか、私も食事作りに少々うんざりの毎日だったので、つい顔に出ているのでしょう。和顔施を……といつも心がけようと思うのですが、つい我が出てしまう。一日も早く元の体になって現代に通じる人生訓を地でいきたいものです。「一、ふかくこの生を愛すべし」等と大きく書いて見えるところに貼り付けました。

和顔愛語

おはようございます。姫路大覚寺の中西玄禮です。今朝は『無量寿経』に説かれている和顔愛語についてお話しします。

「和顔」というのは明るい笑顔、「愛語」というのは愛情のある思いやりのある言葉という意味です。これが私たちの生活の中でどのように活かされていくのか。そのようなお話をしようと思っております。

私も年が明けると数えの七十歳。昔の言い方で言うと「古希」になります。もう押しも押されもせぬ立派な老人となりました。この「老」という言葉、いろいろ熟語がありますが、たとえば老骨に鞭打つとか、老妻とかご老体なんていうのもあります。老婆なんていわれる人もあるし、老耄なんていわれるのはもっと嫌で「老」の付く字にろくなものがありません。まして「老醜」なんていわれるのはとてもじゃないが辛抱できません。

江戸時代後期の禅僧で博多の聖福寺という所におられた仙厓和尚は、自己流の洒脱な絵に禅の悟りの境地をわかりやすく示されて、非常に人気のあるお坊様なのですが、「老人六歌仙」という老醜を戒めた歌を六つ作っていらっしゃいます。ちょっと読んでみます。

一、皺が寄る　黒子《ほくろ》ができる　腰曲がる
　頭は禿げる　髪白くなる

二、手は震う　足はよろめく　歯は抜ける
　耳は聴こえず　眼は疎《うと》くなる

三、身に添うは　頭巾、襟巻、杖、眼鏡
　たんぽ、温石《おんじゃく》、手瓶《しゅびん》、孫の手

江戸時代のことですから現代とは多少耳馴染みのない言葉が並びます。「たんぽ」というのは湯たんぽ。温石というのはカイロ、手瓶というのは例の簡易トイレ「溲瓶《しびん》」のことです。年と共にこういう生活道具が手放せなくなるということでしょう。

四、聞きたがる　死にともながる　淋しがる
　心がひがむ　欲深くなる
五、くどくなる　気短かになる　愚痴になる
　でしゃばりたがる　世話やきたがる

この二つはどちらかというと心の老化ということをうたっています。そして最後は、

六、またしても　同じ話に子を誉《ほ》める
　達者自慢に人は嫌がる

同じ話を何度も繰り返すというのは、口の老化、言葉の老化と言えばいいでしょうか。百七十～百八十年前の方の作られたものですけれども現代にも通用するものだと思います。いずれにしても老化というものは、その人の持って生まれた体質もあるのでしょうけど、時にはそれ

以上にその老化の進み具合を決定しているのは心の働きです。

人は誰でもいつかは老います。うかつにも、自分がそういう年齢になるまでは老いるなんて考えてもみないでしょう。でも老いを考えるということは人生そのものを考えることだと思います。自分がどんな老後を生きるのか、そう考えた時やっぱり生きがいに繋がる仕事といい人間関係と、そして前向きに明るい心のあり方、そういうものに恵まれていたいと思います。

そもそも仏教というのは、この世に人が生まれて生きていく上で、年老い、病を得、そしていつかこの世と別れてゆく、その人生の節目節目にどう生きてゆくのか、ということをお釈迦様は説いておられるのです。

仏教の三本柱

そのお釈迦様の教えがインドから中国を経て日本に伝わってきました。お念仏の教え、あるいは御題目、座禅、いろんな教えがこの日本にあります。でも元はといえば、すべてお釈迦様のお説きになった仏教です。たとえ主義宗派が違っていても何か共通点があって、それを「仏教の三本柱」と呼んでいます。どのような宗派であろうと、どのような教えであろうと、大乗仏教という日本に伝わってきた仏教にはこの三つの柱は欠かせないと思っているのです。

その仏教の第一番目の柱は「報恩感謝」という柱です。

簡単にいうと、ありがとう、おかげさま、そういう心を起こすことです。南無阿弥陀仏と称えても、南無妙法蓮華経と称えても、また南無大師遍照金剛と称えても、その心の底に「恩を知り恩に報いる」という気持ちがあってのお念仏であり、お題目だと思うのです。

恩を知る、ということは、たとえば、私の命は三代約百年遡るだけでも親と呼ばれた人が十四人いて下さった。その十四人の親の命に支えられているということに気が付くことです。見えないご先祖の命によって支えられていると気が付くと、これまで受けてきた恩を返していかなければなりません。

ところで、兵庫県の中心辺りに多可郡加美区という町があります。そこに市原という集落があって、もう今から百年ほど前の大正時代、森安こはるさんという大変親孝行な娘さんがおられたのです。

そこでこの加美町では、こはるさんにちなんで「親孝行」にテーマを絞って全国からメッセージを募集したのです。沢山集まった親孝行メッセージが本になりました。

『ちょっと照れくさい孝行のメッセージ』という長い題名の本なんですが、それを読みますと多くの人々が自分の親に対して様々な思いを持っておられるんだなということがよくわかります。

幾つか紹介してみましょう。この本のいちばん最初に出てくるのはこういう文章です。

高知県の三十五歳の女性ですが、

「苦労してやっとわかった親心　くそじじいは　お不動様　鬼ばばあは　観音様」

若い時分は「このくそじじいが」とか「この鬼ばばあが」とか、自分の親のことを思っていたけれど、結婚して所帯を持って子どもができるとその子育ての苦労、所帯の苦労、それを通じてやっと「ああ、おやじはお不動様だったんだなぁ」「母さんは観音様だったなぁ」その親心がわかった、というんです。

福岡県の三十二歳の男性はこう言っています。

「父は学が無いからと体を使って僕らを育てた。愚痴ひとつ言わず、ろくに楽しみも無く、只ひたすらに働いた。『父さん、楽しみはないのか』と言うと、無口な父がたったひと言『お前ら子どもが楽しみじゃ』涙が出た」

そう書いてありました。冗談半分で、からかい半分で尋ねたら、返ってきた答えはまともな答えだったのです。「おまえら子どもが楽しみなんじゃ」、これには返す言葉がないです。出るのは涙だけ。よくわかります。

「働きづめに働いて、女手ひとつで僕らを育ててくれた母さん。子どもの頃、一体いつ眠るんだろうと不思議だった。あの頃の寝不足を今取り返しているんだね。こんこんとベッドで眠り続けている母さん、ありがとう」

これは東京の四十三歳の男性です。母子家庭だったのでしょうか。この母さんは子どもたちを働きながら育てて、朝早くから夜遅く迄、いったいいつ眠るんだろうと子ども心に不思議だった。その母親が年老いて今病の床に寝たきりの状態で眠り続けている。介護する身としては辛い日々もある訳ですが、「そうだ、母さんは若い頃に寝る間も惜しんで働いた。あの寝不足を年老いた今、それを取り返しているんだなぁ」と思ったら、その寝たきりになったままの母さんがとても愛《いと》しく思えたのでしょう。

親に対する思いは様々ですけれども、そこに感じられるのは報恩ということであり、感謝という心です。この心がなくなると人間は人間でなくなるのかもしれません。これが第一番目の柱です。

二番目の柱を「懺悔滅罪《さんげめつざい》」といいます。懺悔。つまり私が至りませんでした、と素直に心から自分の非を認める。「ごめんね」と素直に心から謝る。その心を懺悔といいます。

人間は良いことをしたつもりでも、実は誰かに迷惑をかけていたということがない訳ではありません。「それが人間の善だ」とお釈迦様は説かれているのです。

つい心にもないことを口にしてしまい、相手を傷つけることがあります。お釈迦様はそれを「麁言《そごん》」と言っておられます。具体的には①悪口《あっく》（あらあらしい言葉）②両舌《りょうぜつ》（二枚舌）③妄言《もうごん》（偽りの言葉）④綺語《きご》（飾った言葉）の四つを口の災い（口業《くごう》）と説かれています。その反対の言葉が「愛語《あいご》」です。愛情のある言葉、思いやりのある言葉、親しみのある心のこもった言葉です。「愛語回天の力あるを学すべきなり」と道元禅師は述べておられます。愛情のこもった言葉は天をもひっくり返すほどの力がある、という意味です。

仏教の三番目の柱は「誓願立志《せいがんりっし》」といいます。誓願とは誓いと願いです。仏様の大きな誓いと願いの中で、生かされている私たちであるから、せめてひとりでも多くの人の幸せのために生きていこう、という願いをおこすことが「誓願立志」ということです。

一円のお金がなくても、三歳の子どもでも、あるいは八十歳、九十歳になって、たとえ寝たきりになったとしても惜しみなく与えることのできるものが「和顔《わげん》」明るい笑顔であり、「愛語」愛情と思いやりのある言葉です。

そして『無量寿経』にはその後に「先意承問《せんいじょうもん》」という言葉が続きます。先方の意見を承り問いかける。簡単にいうと相手の身になる、ということです。笑顔で「おはよう」と言う。また「ありがとう」と言う。あるいは「ごちそうさま」と言う。こんな何でもない日常の挨拶言葉が愛語となるためには、先意承問という相手の気持ちを深く思いやる心が必要なんです。

遠足弁当の思い出

それで思い出すのは、小学校三年生の夏でした。昭和二十四年、姫路のお城へ遠足に行ったのです。ところが、その前の日まで、毎日近所の子どもたちと遊びほうけていましたから、その日の遠足の弁当の事を母親に告げるのをすっかり忘れてしまっていたのです。当日の朝、そのことを言ったら、母親が驚いたのなんの。

「なんでもっとはやく言わんのよ!!」

終戦からまだ日は浅くて、世間の誰もが貧しくて、その日食べるのさえやっとの時代でしたから、弁当一個でもそう簡単に作れる訳ではないんです。母親は口では私の呑気さを叱りながらも困りはてた顔つきでした。水屋を探し、おひつを覗き、昨日の残りの冷や飯で何とか二個のおにぎりを作ってくれました。それも遠足のお弁当用に炊いたご飯ではありませんから、麦が半分混じった、しかも暑さのため少しにおい始めている憐れな弁当でした。

「さあ、これを持って行っておいで」半分くさりかけた麦飯のおにぎり二個だけの弁当は子どもにとって泣きたいほどなさけなかったです。その日の遠足は楽しい訳はありません。何を見ても心弾まないし、弁当を食べずに帰りたかったです。

やがて昼になりました。お城の三の丸広場で休憩となりました。貧乏な時代でも、友達の弁当はみんなご馳走でした。それを見ると自分のものが一層みじめに思えました。

ひとりグループを離れて、誰もいない木陰で新聞紙の包みを開いてみた、オカズもオヤツも無いたった二個の、半分くさりかかった麦飯のおにぎりを涙と共にお茶で喉に流し込むのです。くさりどめの塩がよく効いて、涙と混じりやけに塩からい。自分のうかつさを棚に上げて、こんな弁当を持たせた親を心から怨みました。

ふと見ると弁当の中に折りたたんだ紙がはいっているんです。鉛筆で慌てて書いたらしい母親の字でした。


お母さんがうっかりしていて、こんなおべんとうしか作れなくてごめんね。

来年はごちそうを作るから今日はこれでがまんしてね。

ごめん、ごめん、ほんとうにごめんね。ごめんね。

母親がどんな思いでこの手紙を書いたのか、八歳の子どもにもそれは充分にわかりました。私以上に辛い思いをしての「ごめんね」の言葉だったのです。いくら貧しい時代でも、あんな弁当しか持たせてやれなくて、気の付かない母親であったと自分をきっと責めていたのかも知れません。その日母は朝からなんにも食べないで息子の帰りを待っていたそうです。おやつにふかし芋の用意をして――。

母親の愛情というのはいつも悲しいまでに優しいものです。

お釈迦様は、「母に悲恩あり」といっておられます。悲しいまでに優しい愛情を受けた恩があると説かれているのですが、その経文が切ない迄に慕わしくせまってきます。私にとってはあの遠足の時の母親の「ごめんね、ごめんね」という言葉は何度思い出しても涙の出そうになる愛語でありました。「和顔」明るい笑顔、そして「愛語」愛情の込もった言葉。それはたとえ「おはよう」というひと言であれ、「ありがとう」というひと言であれ、相手の身になってはじめて愛情のこもった言葉として生きてくるのです。

恩を感じ、恩を送ろう

ところで、去年テレビで加山雄三さんがこんなことをおっしゃっていました。

「自分はもう七十二歳になりました。年齢的にも立派な老人です。若い時から若大将というシリーズの映画を撮り続けていましたから、これからの人生いつまでも若大将の気分でいたいと思うのですが、その為に三感王になろうと思っております」

つまり、感心する、感動する、感謝する。この三つの感の付く言葉――これを大切に生きていこう。これも立派な愛語だと思います。私はそれを聞きながら考えたのですが、感心と感動はよく似た言葉です。そこで「感心」という言葉の代わりに恩を感じる「感恩」という言葉を皆さんにお勧めしたいのです。恩を感じる。つまりさきほどから申し上げております「報恩感謝」のことです。

私たちはさまざまなご縁と多くのご恩をいただいて、今この世に生かさせてもらっています。多くの人のご恩に対して「ありがとう」と感謝する。そして至らない自分であるということに「すみません」と素直に懺悔する。さらに一生の間にひとりでも多くの人の幸せの為に生きてゆこうと努力する「誓願立志」。その三本柱を活かしていくために仏教の「三感王」感恩・感動・感謝、この三つを大切にしたいと思うのです。

恩を感じれば、当然その恩に報いなければなりません。それは昔から恩返しと言われています。けれども、まだ恩を受けた相手がお元気であればなにかの形でご恩をお返しすることはできます。それが親であれ、おじいさん、おばあさんであれ、友人であれ、相手がこの世にいて下されば何かのご恩返しはできるでしょう。が、もうすでにこの世にいない親であれば、祖父母であれば、どうすればお返しができるでしょうか。日本語の中には恩返しの他に「恩送り」という言葉があるのです。

「恩送り」とは受けた恩を返す方法として、直接恩を受けた相手ではなく、別の誰かに恩を送っていくのです。親から受けた恩を子どもに送る。おじいさんおばあさんに受けた恩を近所の子どもたちに送っていく。これが「恩送り」ということです。こうして多くの人が繋がっていき、人の輪が生まれてくるのだと私は思います。

「ありがとう」というひと言が和らぎを与えます。

「すみません」というひと言が争いを解きます。

「おかげさまで」というひと言が人生を豊かにします。

せっかく与えられた二度とない人生です。仏教の三本柱、「ありがとう、おかげさまで」という報恩感謝と、「すみません」という懺悔の心と、「どうぞおしあわせに」という誓願立志。三つの柱を心に立てて、惜しみなく与える明るい笑顔と思いやりのある言葉「愛語」と、相手の身になる優しさ「先意承問」を子や孫に送り続けていく「恩送り」ということが人間にとっては大切なことだと思います。

二度とない人生。明るく生き生きとしっかり生き抜いていきましょう。

（「兵庫県高齢者放送大学ラジオ講座」平成二十一年十二月五日放送）

心のこだま（放送を聞いて）

父の愛語

三木市　男性

　中西住職様と私は同世代であります。仏教の三本柱「報恩感謝」「懺悔滅罪」「誓願立志」のお話を聞かせてもらいました。自分はご先祖様の命に支えられているという大切なお話、特に遠足の時の、お母様が作られたお弁当のお話には涙が流れました。自分の場合、遠足、運動会等で継母は一度も入れてくれませんでした。空の弁当箱を持って行き、昼食時は皆と別れて水を飲みました。帰りに先生が心配して、「食べたか」と尋ねられ、ウソを言って「食べた」と返事をしました。家に帰り父親に言いますと、「男なら腹がへっても食べた顔をして居る様に」と言われ、なんで貧乏な家に生まれて来たのかなと思いました。それからは父親には何も言えませんでした。三木を出て神戸の会社の寮に入った時、筆不精の父親が便りをくれて、一行だけ「暑い折身体に気を付けよ」と書いてありました。今も忘れません。父の愛語だと思います。西国三十三ヶ所のお参り途中に、ある所を通っていると、「掛けた情は水に流し受けた恩は石にきざめ」と書いてありました。良い言葉に出会い、娘に書かせました。

心のこだま（放送を聞いて）

色々な人に出会い教えていただいた事を次世代に伝える役目を果たそうと心に決めております。

ただ感謝のみです

稲美町　65歳女性

先生の遠足の弁当、お母さんの愛語「ごめんね」にはジーンときました。昔は世間全般に貧しかった。父も母もよく働くのに、どうしてこんなに貧乏なんだろう、子供心に貧乏が嫌でした。でも、親は子供の為に必死だったのだと、両親とも他界してしまった今、ただ感謝のみです。私の初めての出産の時、乗物酔いのひどかった母は、それでも九州からかけつけてくれ、曲がった腰でいろいろやってくれました。それなのに、当たり前だろうと思って、その時言えなかった感謝の言葉「本当にありがとう」そして「ごめんなさい」。信仰心のない私は、都合の良い時だけ、神頼み仏頼み。いま一度立ち止まって自分の人生を振り返り、これからはせめて、和顔愛語で恩送りといきたいものです。

心のこだま（放送を聞いて）

毎早朝、生活座禅

明石市　77歳男性

祖先・父母より生命を授かり、今ここに喜寿を迎え、自分の老いとこれからの充実した人生をいかに実践すべきかの指針に有難いお言葉を聞き、勇気・元気・やる気が百倍になり、感謝感激しました。家族・友人・ご縁のある人には明るい笑顔で挨拶、愛情と思いやりの心を持って言葉をかけ、和顔・愛語で前向きにいい人間関係をつくり、和を大切にしています。報恩感謝、懺悔滅罪、誓願立志。毎早朝、生活座禅をしながら、元気で生かされていることへの感謝、至らないことの反省、人に喜んでいただく行為を心掛け実践、ささやかながら恩送りの日々です。

貴重な卵が二つも

加古川市　女性

中西先生の遠足のお弁当のお話は、同世代の私には自分のことのようで、お母様のメッセージは自分の母の言葉のようで、思わず涙がこぼれました。私に

心のこだま（放送を聞いて）

も弁当にまつわる尊い恩師の思い出があります。私の父は戦死、母は病床の祖父と祖母、そして私たち三人の子供を育てるため、朝星夜星の野良仕事の連続。私は小学三年生になっても人前ではひと言もしゃべれない問題児だったのです。夏休みのある日、担任の先生の訪問を受け、先生と二人きりで電車に乗って、須磨の海水浴場へ行きました。母が持たせてくれた弁当にはゆで卵が二つも入っていました。五羽のニワトリが産む卵は我が家の唯一の現金収入でした。そんな貴重な卵が二つも入っていたのに驚き、うれしくて思わず声に出して、何か先生に叫ぶように言いつつ卵一個を差し出していたのです。「まあ、私にくれるの、うれしいわ」と先生は大きな声で喜ばれたのです。私が初めてしゃべったことを、心の底から喜んで下さった。優しい大きな先生の声が今でも耳に残っています。私も子の母となった時、初めて、人は和顔愛語をたくさんの人々からいただいて成長できることに気付かされました。「報恩感謝」「懺悔滅罪」「誓願立志」を心に止め、恩送りの実践に努めたいと思います。

六波羅蜜に学ぶ

宗教の時間です。今日は「六波羅蜜に学ぶ」と題しまして、兵庫県姫路市にある大覚寺住職中西玄禮さんにお話しいただきます。

中西さんは一人でも多くの人に仏の教えを伝えたい、そして少しでも多くその教えを暮らしの中に生かしてもらいたいという願いから、テレホン法話や講演会活動を続けてきました。そうした中で、いちばん大切にしているのが六波羅蜜です。六波羅蜜とは菩薩が人々を救うために行う六つの実践項目であり、現世である「此岸《しがん》」から理想郷の「彼岸《ひがん》」に至るため行うべき事柄でもあるとされています。

六波羅蜜は本来修行僧などが行う行《ぎょう》ですが、中西さんは現代を生きる私たちにも実践できることがらがあり、一部でも実践することで心の苦しみを和らげることができると考えています。六波羅蜜の心をどのように受け止め実践すればいいのでしょうか、やさしくお話しいただきます。

中西玄禮さんは一九四一年、昭和十六年姫路市に生まれ龍谷大学大学院を修了、一九八〇年大覚寺住職に就任しました。そして来月から永観堂で知られる浄土宗西山禅林寺派の管長に就任することになっています。それでは「六波羅蜜に学ぶ」中西玄禮さんのお話です。

おはようございます。今日は一月十七日です。十五年前の今日、阪神淡路大震災が起こり、あれから十五年経ったとはいうものの、一瞬のうちにかけがえのない肉親や友人たちを亡くした被災者の悲しみというのは今も癒えることがないでしょう。

震災から一ヵ月ほど経ったある日の読売新聞の夕刊に次のような投書がありましたので紹介しましょう。

その当時相生警察署に勤務しておられた吉田輝雄さんという警部補が、被災地での救助活動の体験を綴った手記でした。今、改めてその手記を読むと、あの日の地震の悲惨さと命の尊さとを今でも深く感じることができます。

地震の一週間後吉田さんは二度目の出動をしました。任務は長田署管内の救助活動と遺体の捜索でした。仮の遺体安置所になった学校の体育館は多くの遺体とそれに付き添う家族で溢れていました。そんな中で吉田さんはひとりの少女と出会います。少女は焼け焦げた鍋の中に小さな遺骨を入れて、ただじーっと見入っていました。

「どうしたの?」

思わず声を掛けると少女はどっと溢れる涙をふこうともせず、途切れ途切れに語り始めました。鍋の中は少女が拾い集めたお母さんの遺骨だったのです。あの朝何が起こったのかわからないままお母さんと共に壊れた家の下敷きになっていました。そして何時間もかけて彼女はひとりやっと脱出しました。ところが迫ってくる火事に「お母さんをたすけてぇー」と声を限りに叫ぶのですが、パニックの中で誰にもその声は届きませんでした。

少女は火の勢いが迫る中、母を呼び続け懸命に家具を押しのけ、瓦礫を放り投げ、やっと母の手を捜し当てました。「おかあさん、おかあさん」と手を握りしめて叫び続けたのですが、彼女の力では母親を救出することはできませんでした。「ありがとう、もう逃げなさい」母は娘にそう告げて握っていた手を離しました。

少女は夢中で逃げました。すぐに母を包み込んだまま我が家が燃え始めます。燃えさかる我が家をいつまでも立ち尽くし見続けました。少女は焼け跡から母の遺骨を拾い集め、それを鍋に入れて、今体育館の中でひとり守り続けていたのです。

語り続ける少女の言葉に吉田さんはただ涙だけが溢れ、慰めの言葉も励ましの言葉も何も言えなかったといいます。「この少女に神仏のお守りがありますように」、生まれて初めて神に祈ったと手記にそう書いてありました。

お釈迦様の言われるように、命とははかないものです。今日という日は二度とないものだからこそ真剣に精いっぱい毎日を生きてゆくより他はない、と知らされます。苦しみや悲しみに打ちのめされても、いつか必ず涙の乾く日がやって来る。いつかきっと生きていて良かったとほほえめる日がある、と信じたいです。

十五年という悲しみの歳月は過ぎても、毎年一月十七日は「命と自然を思う日」そうありたいと思っています。

さて今日の本論ですけれども、そういうこの現世、つまり苦しみや悲しみの多い「此岸《しがん》」と呼ばれるこの世界から西方に極楽浄土があると仏教では考えられているその向こう岸「彼岸《ひがん》」に渡ってゆくために六波羅蜜という仏教の修行方法があります。

悟りに至る六つの実践

つまり悟りの向こう岸に至るための六つの実践方法です。

その第一は「布施《ふせ》」ということです。「布施」とは人のためにどれだけ尽くせるか、惜しみなく与えることができるか、という、今の言葉で言えば「奉仕の心」とでも言えばいいでしょうか。

ただ、仏道修行である以上「布施」というのは人のためにしてやる、というのではなくて、あくまでも自分のためにしなくてはならないんです。お礼を求めたり、恵んでやるんだというような思い上がった心が少しでもあれば、それは布施にはならないのです。

経典の中に一円のお金や、あるいは財産がなくても人に施すことができる「無財《むざい》の七施《しちせ》」ということが説かれています。財産が無くても人に与えることのできる「七つの施し」ということです。

その第一番目は「慈眼施《じげんせ》」、つまりやさしいまなざしということです。相手を見つめる眼差しの中に愛情が感じられるかということです。

二つ目は「和顔施《わげんせ》」または「わがんせ」といいます。和《なご》やかな柔和《にゅうわ》な優《やさ》しい微笑みという意味です。そしてこの和顔施と並んで大切なのが、三番目の「愛語施《あいごせ》」です。相手を思いやる愛情あふれた言葉ということです。

四番目は「身施《しんせ》」といいます。自分の体を使って誰かに何かをして差し上げる。道に迷った人に道案内をしてあげたり、あるいはおじいさんの肩をたたいてあげたり、そういう自分の体で思いやりを示すことです。

五番目は「心の施し《ほどこ》」という「心施《しんせ》」です。現代風な言葉でいえば、思いやりの心といえばいいでしょうか。相手に対する優しい心配り、それが「心施《しんせ》」。

そして六番目は「床座施《しょうざせ》」といいます。相手がいちばん安心していることのできる座席を提供する。あるいは、乗り物等で自分の座っている座席を気持ち良く譲る、それも床座施といえます。

そして最後は「房舎施《ぼうしゃせ》」。「房《ぼう》」も「舎《しゃ》」も共に建て物という意味です。宿泊や休憩の場所を提供するということ、といえばいいのですが、でもこれはなかなかちょっと実践するのは難しいことです。広く考えれば、家庭の奥さんが家の庭に花をいっぱい育てて、前を通る人がそれを眺めて心に安らぎを感じるとしたら、その家の花が前を通る人に心に「房舎施《ぼうしゃせ》」という施しをしておられることになるのです。

もっと広くいえば心の中に軒先や縁側を持つのです。悩んでいる人、寒さにふるえている人、心が寒くなっている人、そういう人を縁側に導いてあげる、軒先で雨やどりをさせてあげる、つまりそういういろんな悩みがある人の悩み事を聞いてさしあげる、ということも、心の中の軒先や縁側の「房舎」という建物を用意するというふうに解釈できます。

長く申しましたけれども、私はこれらのなかでも和顔と愛語と身施、心の施し、この四つが特に大事だと思っています。

明るい笑顔と愛情のこもった言葉。笑顔で「おはよう」「ありがとう」「お疲れさま」そういう言葉が相手の身になって出てきた時に、それは単なる挨拶ではなくて愛語ということがいえるのではないでしょうか。これなら三歳の子どもでも、あるいは寝たきりになられた高齢者の方でも人に与えることはできるのではないでしょうか。

酒は飲んでもほどほどに

六波羅蜜の第二番目を「持戒《じかい》」といいます。戒律を守る、ということです。仏道修行をする者が、日常生活の中で守らなければならない五つの決まりがあります。お釈迦様がたくさんの戒や律を定められましたけれども、特にこの「五戒《ごかい》」という五つの戒《いまし》めは仏教を信じ生きる者にとっては基本的な戒律です。

それは次の五項目です。

不殺生戒《ふせっしょうかい》　生きものの命をとらない
不偸盗戒《ふちゅうとうかい》　他人のものを盗まない
不妄語戒《ふもうごかい》　嘘をついて人を惑わさない
不邪淫戒《ふじゃいんかい》　邪《よこしま》なる男女関係を持たない
不飲酒戒《ふおんじゅかい》　お酒を飲まない

さて、どれかひとつ取り上げても、いざ実行となると難しいものです。人の命をとらないとか、盗まないとかいうのは普通に生活しておれば守ろうと努力はできるんですが、私なんぞは、異性に関心を持つなとか、酒を飲むななどと言われるとちょっと自信がないです。でもそこはよくしたもので、ある人が法然上人に「酒を飲むことは罪にて候か」と尋ねられたんです。お酒を飲むのは罪になりますか？　と。すると法然上人はこう言われました。

「まことは飲むべきにあらねど、この世のならい」

本当は飲まないほうがいいんだけれども、まあ世間の付き合い程度はいいだろう、ほどほどにしておきなさいよ、と大変寛容なんです。絶対に飲んじゃいけないとはおっしゃらない。もっともこのほどほどにというのが好きな者にとっては難しいので困ったもんです。

日本に伝わっている仏教は大乗仏教といわれています。この大乗仏教の教える戒《かい》というのは強制力を持ちません。つまり自分の意志で守ろうと努力することによって、それが日常的に良い習慣となり持続していく、それを戒と呼んでいるんです。

もっとわかりやすくいうと「殺すな」という、たった一点においても、ものの命を取らないで生きてゆくということは大変なことです。なによりも言葉にとらわれる「かたち」よりも、その中にこめられた「こころ」ということを大切にするんです。

酒を飲むな、といわれてもどうにも飲まずにおれない人もあるでしょう。だったら、せめて人に迷惑をかけるような飲み方はしないでおこう。ものの命をとるな、といわれても今日までハエやゴキブリをどれほど殺してきたか。彼らを害虫と感じるのは私たちの勝手な理屈であってゴキブリ自身には罪はないのです。

草花や虫だけではありません。牛や魚や野菜も米も麦もみんな命を持った生き物です。その命をいただきながら私たちは生きているのです。私たちに食べられた米や魚の命は私の命を燃焼させるエネルギーとなって生きているのです。牛や魚や米の命が私の命を支えてくれているのです。この私の命を支えている無数の命に対して「あなたのおかげだ」と手を合わせる感謝の心、それが不殺生戒というものの持つ精神なのだと思います。

お釈迦様がお示しになられた五つの戒律は、どれも難しいのですが、現代に生きる者の目標として五つの戒を次のように言い直すこともできるのではないでしょうか。

生命あるものを殊更に殺すことなく生かしていこう

与えられないものを手にしないでおこう

いつわりの言葉を口にして人を悲しませないようにしよう

道ならざる愛欲におぼれることのないようにしよう

酒によってなりわいを怠ったり人に迷惑をかけたりしないようにしよう

この五つが現代における不殺生《ふせっしょう》、不偸盗《ふちゅうとう》、不妄語《ふもうご》、不邪淫《ふじゃいん》、不飲酒《ふおんじゅ》という五つの戒律ではないかと思います。

さて六波羅蜜の三番目ですが「忍辱《にんにく》」と教えられています。はずかしめを受けても黙ってそれを忍んでゆくという意味で、忍辱《にんにく》といいます。これは悲しみや苦しみに耐えてゆくということです。悲しみや苦しみをじっと我慢して、耐え忍んで生きてゆく。それは決して消極的な生き方ではありません。苦しみや悲しみから逃げないで、これを迎えうつ気持ちを持つ、この忍辱《にんにく》というのは立派な仏道修行の一つでもあります。

四番目を「精進《しょうじん》」といいます。今日では精進料理というふうに使われます。今の言葉でいうと努力するということですが、これも言葉の使い方を間違うと誤解されます。

今、病院に入院しておられる人に対して「頑張れよ」と言っても「頑張りようがないから苦しんでいるんだ」と言われれば返す言葉がありません。「精進」というのは確かに努力を意味しますけれど、何が何でもただがむしゃらに努力すればいいというものではありません。正しい努力を心がけて実行する、これが「精進」の持つ意味です。

五番目の「禅定《ぜんじょう》」。これは心を落ち着かせ精神を集中させるということです。私たちは何か一つのことに取り組んでいてもついつい他のことに気を取られたりしがちです。心がいつもフラフラする、そんな私の心を鎮めて精神を集中させることを禅定といいます。

最後は「知恵《ちえ》」ということ。仏教のいう知恵というのは、「物ごとにこだわりなくとらわれず、ありのままに見つめることだ」ということです。自分の欲望やひいきの心で眺めたりあるいは先入観や肩書きなどにとらわれたりすれば、物事の本質を見誤ります。ねたみや嫉《そね》みの心で相手をゆがんで見てしまうということもあるでしょう。ものごとをありのままに眺めるという知恵のまなこを持ちたいですね。現実にはとても難しいことですが。

己を知るとき、人生を知る

NHKのテレビの番組に「ためしてガッテン」という番組があります。ある時この番組に私の寺が所蔵している十六羅漢の内の「周利槃特《しゅりはんどく》」というお坊さんの絵が使われたことがありました。その時の「ためしてガッテン」のテーマは記憶ということが番組の構成要素になっていました。

周利槃特《しゅりはんどく》というお坊様は、お釈迦様のお弟子さんの中でいちばん記憶力の悪い、物覚えの悪いお弟子さんだったんです。ですから、他のお弟子さんからバカにされ、いじめられ、差別されたりして、ある日それが悲しくて泣いておりましたら、たまたまそこをお釈迦様がお通りになって「周利槃特よ、何を泣いておるのか」とお尋ねになりました。周利槃特が訳を申しますと、

「そうか、そうだったのか。確かにお前は人に比べると物覚えが決していいとは言えないが、お前にはお前しかない、いいところがあるではないか。愚かと言われようと、これがいいと思

えばそのことを一生懸命にとりくんでいく、そのひとすじの努力をするという心は尊《とうと》いことだよ。ここに箒《ほうき》と雑巾があるからこれを持って毎日掃除をするがいい。ただ黙ってするのではないぞ、心の塵《ちり》を除かん、心の垢《あか》を除かん、そう称えながらお掃除をしてごらん」

そう教えられて周利槃特さんは毎日毎日「心の塵を除かん、心の垢を除かん」そう称え続けて掃除をしているうちに、自らの心の垢がすっかり取り去られて、人に良く思われようとか、あいつは素晴らしい奴だと褒められようとか、そういうこだわりがさっぱりなくなって十六羅漢という十六人の素晴らしい修行を積んだお坊さんのひとりに数えあげられるようになったのです。

何よりもこの周利槃特さんを偉いと思うのは、自らが愚かである、物覚えが悪いということを誰よりも自分がいちばんよく知っていたことです。だからこそお釈迦様から教えられた「心の塵を除こう」という言葉ひとつをたよりにして、一生懸命にお掃除に励んだその精進努力が周利槃特さんに大きな生きてゆく知恵をもたらすことができたんです。

仏教の教え「六波羅蜜」それは、

惜しみなく与える人間であること

決まりを守ることのできる人間であること

耐えることのできる人間であること
常に前向きに努力できる人間であること
心を集中させることのできる人間であること

これらを日常の生活の中でどれだけ実践できるかということですが、それをコツコツ実践してゆくことによって正しい知恵が備わってくると教えられています。とはいうものの、与えられない人もあります。決まりを守れない人もあります。精進と教えられてもマイナス思考の人もあるでしょう。禅定ということが大事だといわれても心が絶えず揺れ動いて定まらない人もあります。

周利槃特さんのように大切なことは自分の弱さを認識することなんです。おごることなく自らを省みる心を持つこと、そして自分の心をいつも仏様の教えに照らして、我が身を反省して真実を求め生きてゆくこと。真《しん》に己《おのれ》を知る時、人ははじめて人生を知ることになります。そこに気付くことが六波羅蜜の教えであり、正しい知恵のおかげなのだと思います。

（「NHKラジオ第二・宗教の時間」平成二十二年一月十七日・一月二十四日）

2

一語一会

ミニミニ説法

一丈《いちじょう》の堀《ほり》を越《こ》えんと思《おも》わん人《ひと》は、
一丈五尺《いちじょうごしゃく》を越《こ》えんと励《はげ》むべし。
往生《おうじょう》を期《ご》せん人《ひと》は、決定《けつじょう》の信《しん》をとりて相励《あいはげ》むべきなり。

（法然上人ご法語）

世の中には〝ほどほど〟に済ませておかねばならぬこともあるし、時には〝ほどほど〟を越えなければならないこともあります。

概して、わが身にかかわることは〝ほどほど〟にし、人のために尽くすときには〝ほどほど〟を越さねばならないといえましょう。

一丈（約三メートル）の堀をとび越えようと思う人は、その一・五倍を目標として努力しなさい。それと同じく、浄土に往生したいと願う人は、まちがいなく往生させてもらうのだという確固たる信念をもってお念仏に励みなさい、と法然上人は説かれます。

念仏の信仰については〝ほどほど〟であってはならぬ、信火行煙《しんかぎょうえん》といわれるように、信仰の火が心の中で燃えれば、必ず行動となってあらわれる、そこに安らかな幸せがあると教えられるのです。

生《い》けらば念仏《ねんぶつ》の功積《こうつ》もり、死《し》なば浄土《じょうど》へ参《まい》りなん。とてもかくてもこの身《み》には、思《おも》い煩《わずら》うことぞなきと思《おも》いぬれば、死生《ししょう》ともに煩《わず》らいなし。

(法然上人ご法語)

高見順の詩に、「帰れるから旅は楽しい。旅のさびしさを楽しめるのも、わが家にいつかは戻れるからである」と、帰るわが家のある歓びをうたったものがあります。

法然上人八十歳。いよいよご入滅が近いと思われた時、弟子の一人が「このたびの極楽往生は確実ですか」と尋ねます。それに対して上人は「我もと居せし所なれば、さだめて極楽へ帰り行くべし」と答えておられます。

いずれは浄土に帰るわが身であると思い定めれば、死生《ししょう》ともに何の煩らわしいことがあるか、と法然上人はいわれるのです。

わが親も先祖もみんな帰っていった浄土を、わがふるさとと思い定めて、帰るべきところへ「いざ帰らん」との決意が、「南無」の称名にほかならないのです。

阿弥陀仏《あみだぶつ》と十《と》こえとなへてまどろまん ながきねむりになりもこそすれ

(法然上人御歌)

取り越し苦労をすることを〝杞憂《きゆう》〟といいます。これは昔中国の杞の国の人が、天が崩れて落ちるのではないかと心配して、何も手につかなかったという故事に基づいています。

私たちも似たような経験をしたことがあります。このまま目をとじて眠ったら、そのまま死んでしまうのではないか……。そんなことを考えたら眠るどころではありません。

法然上人は、お念仏を十声もとなえて眠れば、そのまま死んでしまったっていいじゃないかと詠んでおられます。

どうして、そのまま死んでもいいのでしょう? ――まちがいなくお浄土に往生できるからなのです。

そして翌朝目ざめて、自らの生を確認した時、「ああ、今日も命を賜った」と、念仏に生かされる喜びが湧きあがってくるのです。

煩悩具足《ぼんのうぐそく》の我等《われら》なれば、つねに煩悩《ぼんのう》はおこるなり。おこれども煩悩《ぼんのう》をば心《こころ》の客人《きゃくじん》とし、念仏《ねんぶつ》をば心《こころ》の主人《しゅじん》とすべし。

（法然上人ご法語）

他人の幸福な姿を見て素直に喜べず、不幸になればひそかに喜んでいる――それが私たちの本来の姿であるなら、なんと悲しいことではありませんか。

うそ、いつわりの生きかた、つきあいがお互いを変によそよそしくし、つめたく、ギスギスした毎日にしているのです。人間は誰でもそうなのだからと自己弁護し、まあまあという生き方では正しい人生の理解は生まれそうにありません。

どうせ人間は、生きている限りいやでも人とまじわっていかねばならないのだから、うらみやにくしみを抱いてクヨクヨするより、念仏の信仰をいただいて、すがすがしい生きかたをしたいものです。ちょうど泥の中に咲く白蓮華のように。

昨日《きのう》もいたずらにくれぬ。今日もまたむなしくあけぬ。いまいくたびかくらし、いくたびかあかさんとする。

（法然上人ご法語「登山状」）

念仏の信仰に生きたM師は、紙に「於摩江《おまえ》毛志努曽《もしぬぞ》」の一語を書いて弟子に与え、弟子はそれを仏壇の横に貼っておいて、朝夕この言葉を胸の中に叩きこんだそうです。

酔生夢死《すいせいむし》——親が死んでも、子どもが死んでも、おれはまだ死ぬはずはない、もっと生きれるはずだなどと思いこんでいるうちに、ひょっこり病気になり、こんなはずではなかったと、もがきながら死んでゆく——。

そんな中途半端な人生を送っている私たちに、法然上人のこのご法語は、「お前も死ぬぞ」との警告でもあるのです。

山本有三さんの詩にいわく、

「たった一人しかない／自分を／たった一度しかない／人生を／ほんとうに生かせなかったら／人間に生まれてきた／甲斐がないじゃないか」と。

今日もあなたは空《むな》しく過ごすのですか？

**人は営《いとな》みしげくして　日ごと夜ごとにその命　滅《ほろ》び去《さ》るをも覚《さと》り得《え》ず
風にゆらるる燈《とも》しびの　消えなんとする如《ごと》くなり。住み難《がた》くして六道《ろくどう》を
行くへもわかずさまよえり。**

（大木惇夫訳・善導大師「六時礼讃」）

屠殺場《とさつじょう》に引かれていく牛は、本能的にその一町ほど前でピタリと動かなくなるといいます。そんな時、ばくろうは牛の足に新しいわらじをはかせると、牛は不思議に歩きだすそうです。

牛にしてみれば、古いわらじを新しいものと取りかえられて、「今からまだ働かせてもらうのだな」と考えているうちに、そのまま死の入口に運ばれている、という寸法です。

風前の灯《ともしび》とはよくいったもの。刻一刻とすぎ去る人生を、快楽のみを求めてあくせくする私たちの姿こそ、自分で自分の足にわらじをはかせていることになりませんか。

「欲望」という名のわらじをはきかえて、さまよい歩く人生の何というむなしさ……。

父母は世間《せけん》における福田《ふくでん》（福徳を得る田地）の最たるものであり、仏は出世間《しゅっせけん》における福田の最たるものである。

（善導大師ご法語）

「心から子を思わぬ親はない。心から親を思う子は少ない」とは本当のようです。子は成長するにつれて妻を愛し、我が子に親しんで、父母に対してはかえって憎《にく》しみや嫉《ねた》みを生じ、父母の大恩を忘れてしまうものもあります。

「おまイのしせ（出世）にわ　みなたまげました　わたしもよろこんでおりまする……はやくきてくだされ　いしょ（一生）のたのみでありまする……なにおわすれても　これはわすれません　さしん（写真）おみるト　いただいておりまする　はやくきてくだされ　いつくるト　おせてくだされ　このへんち（返事）おまちしてをりまする……」

これは野口英世博士のお母さんが博士に出した手紙です。字を知らない母が精一ぱいの努力をして書かれたこの一字一字には愛情がにじんでいると博士は涙を流して読まれたにちがいありません。父母の恩に報《むく》いて孝養を尽くさないならば畜生となんら異なるところがないのではありませんか。

煩悩《ぼんのう》深《ふか》く底《そこ》いなく　生死《しょうじ》の海《うみ》は涯《はて》もなし　苦《く》を渡《わた》る船《ふね》まだ発《た》たず
など眠《ねむ》りをばむさぼるや。励《たけ》く勤《つと》めていそしみて　心を西に定《さだ》むべし。

（大木惇夫訳・善導大師「六時礼讃　初夜無常偈」）

「花の命は短くて苦しきことのみ多かりき」――人生のどん底で、あらゆる辛酸をなめつくした林芙美子が、「人生は苦だ」とひらき直った時から文学者として大きく飛躍したといわれています。

彼女の作品が私たちの心を打つのは、「人生は苦なり」という真理を体解した彼女の魂の叫びだからでしょう。

念仏を称えると苦しみがなくなるわけではありません。しかし、念仏を称える歓びが増大すればするほど、苦しみは問題でなくなってくるはずです。

苦しみに直面した時、顔をそむけず、じっと苦をみつめる心を大切に生きてゆきたいものです。

慈心相向《じしんそうこう》（いつくしみの心で　人にあい向かい）
仏眼相看《ぶつげんそうかん》（やさしいまなざしで　みつめあう）

（善導大師「広懺悔」）

うかつに人を信じられぬ世相であればこそ、できるだけ人には親しく接せよ。そして己れにはできるだけきびしく辛く接せよ。ともすれば逆に自分を甘やかす反面、人の欠点をあげつらいろくに挨拶もせぬ日本人がますます増えつつある今日、「人には親切に、自分には辛切に」とは実に味わうべき言葉です。又念仏者の大切な心がけと申せましょう。

「教えには深切に」。人生にはこれでよいという結末などないように、仏法も聞けば聞くほど義理深く、汲めどもつきぬ大海のようなものです。

「仏法の大海は信をもって能入す」と言われるように、仏の教えを深く信ずる心に明るい人生が展開されてくるのです。

いつくしみの心で人にあい向かい、やさしいまなざしてみつめあう。それこそ浄土であると善導大師は教えられるのです。

（「三つのしんせつ」は山本玄峰老師の教えです）

仏の大悲心を学ぶ

（善導大師の教え）

「母のある子は人の前で泣く。母のない子は人にかくれてそっと泣く」。母のない子は、泣いてもとんできて抱いてくれる親がいないと知っているから、人に知られぬようひとりで泣きます。

「悲」とは「うめく」という意味があるように、悲しい時、私と共に泣き、私の痛みを自分の痛みとして受けとめて下さるのが仏の大悲なのです。

『観無量寿経』に、「仏身を観《み》るをもってのゆえに仏心を見る。仏心とは大慈悲これなり」と説かれています。仏さまとの出会いを一心に念じて、大ぜいの人のしあわせにつながるような生き方をしていると、仏さまは大慈悲というはたらきでもって仏心を見せて下さる、というのです。

仏は衆生の苦悩あるところに宿りたもう―時には花となり、時には風となり、時には人の情となって、共に泣いて下さる――これが仏の大悲です。

畢命期《ひつみょうご》と為《な》す

善導大師の人生観の根底を流れるものは、

「生あるものは必ず死に帰す」

という厳粛な無常観です。と同時に、人の世が無常であればこそ今の私は二度とないわが人生を大切に生きよと、生涯かけて仏の慈悲を説きつづけられたのです。

念仏する者の心構えとして「四修」の教えがあります。

一、恭敬修《くぎょうしゅ》（うやまいの心をもって）

二、無余修《むよしゅ》（いのちの親、阿弥陀仏とともに）

三、無間修《むけんじゅ》（いつでも、どこでも）

四、長時修《じょうじしゅ》（命のあらんかぎり）

今日という日は二度とないのです。出会った時が別れる時です。その大切な今日という日を一期一会とうけとめて、いかに有意義に生きぬくか——。それは、うやまいの心をもって仏の大悲に生かされるしあわせを思い、あたえられたつとめに打ちこむほかない、と教えられています。

（善導大師の教え）

念々の称名は常の懺悔《さんげ》なり

（善導大師の教え）

善導大師はここを押さえておっしゃいます――。

数えきれない多くの生命によって、ちっぽけなこの〝私〟の生命が保たれているという感謝の心が、「おかげさま」という念仏の声となって出て来なければならないと。

現代の教育は、子ども達に生命を科学することを教えることはあっても、その生命に対する畏敬の念を教えることはありません。人間はもともと他の生命を殺し、犠牲にすることなしには生きて行けず、私たちは生きていること自体、罪を重ねておりますのに……。

だからこそ、生きとし生けるものすべてに、「あなたのおかげです」と合掌するとき、生命の尊さと生かされていることの歓喜《よろこび》とが、しみじみとうなづかれるのです。

南無とは　帰命なり

（善導大師の教え）

仏さまは私たちに「南無」のこころをお示しになるために八万四千の法門をお説きになったといってもいいと思います。

南無とは帰命――「大いなる命に帰る」ことだと善導大師は示されています。私には二人の親があり、その親にもまた二人ずつの親がある。今ここに私一人が存在するために、無始以来、一体いく人の親がいてくれたことになるのでしょうか。数えきれぬほどの親の命、親の願いがあって、そして〝私〟がいるのです。その〝私〟も、いつか親や先祖が帰っていった大いなる命の中へ帰らせてもらうのです。

わたしたちの人生の旅が終われば、無量寿という限りない命の中へ帰ってゆくのだと思い定めるこころが「南無」であり、同時に仏さまとの出会いでもあるのです。「南無」とは、限りある〝私〟の命と限りない永遠・絶対の仏の命とを結びつける唯一のものなのです。

弥陀の浄土に生まれんとおもはんものは、弥陀の誓願にしたがふべきなり。

（法然上人ご法語）

ある娘さんがお嫁にいく時、聞かせてくれた言葉が忘れられません。

「私は親から実に多くのものをもらいました。小さい時に買ってもらった洋服や着物、このたびの結婚の仕度、学問や健康な体など、みんな親からもらったものです。その中で私が一番気に入ってうれしいのは〝しのぶ〟という名前です。両親の、私への願いがこの名前に込められているようで、一生大切にして生きてゆきたいと思っています」

自分の名前には親の願いが込められていると知った時、子どもはその名前を誇りにし、また親の深い愛情を思わずにはおれません。

念仏には仏さまの「摂取不捨《せっしゅふしゃ》」という誓いと願いが込められています。目に見えぬ大きな命と一つになれよと、たえず呼びかけてくださっている仏さまの願いに「はい」と答える姿が「南無阿弥陀仏」であるのです。

仏さまの願いの中で、正しく幸せな人生を歩みたいものです。

年命《ねんみょう》の日夜《にちや》に去《さ》るを覚《さと》らず

（善導大師「日没無常偈」）

「ああ、あ、何時の間にか、こんな年齢になってしまった」

と、あなたは思う事はありませんか。

私たちは、年若き時には、はやく成人したいと思い、年老いては、いつまでも、若くありたいと願うものです。人間の歴史は、その繰り返しでありましょう。時間は常に同じ間隔であります。

しかし、それが年齢と共に、その間隔が短くなり、スピードをあげて行くようでなりません。

さて、あなたは命終の時、閻魔大王の問い、「汝、仏法流布の世に生まれて、何ぞ、修行せずして、いたずらに帰り来たるや」

その時、あなたは、何と、お答えなさいますか。

一生涯の定まりなき事、夢のごとし幻の如し。あしたとやせん。暮とやせん。たれか定めん今日その日にあらずとは——。

(『勅修御伝』第十五)

「人間はなぜ死ぬのでしょう。生きたいわ、千年も万年も生きたい」——浪子が『不如帰《ほととぎす》』の中で最後にいう言葉です。生命に限りがあればこそ、だれでも不死を願うのですが、仮りに人間みな無限に生き続けなければならないとすれば、この世は人間(しかも老人ばかり)で充《み》ちあふれ、なんとも耐えがたい苦しみにちがいありません。

某師は自分の弟子に「お前も死ぬぞ」と書いて与えたそうです。弟子たちはそれを仏壇に貼りつけて、朝な夕な、手を合わすたびに、「そうだ、おれも死ぬんだ。あすはもう生きていないんだ。きょう一日を力いっぱい悔いのないように生きなければ」と決心したそうです。ほんとうに、私たちはいつ死ぬか知れぬ身です。しかも、それは一生一度しかないのです。であればこそ、「強健有力《ごうこんうりき》の時、自《じ》策自励《さくじれい》」しなければなりません。健康にめぐまれ、元気な時に、一生涯の一大事を自分で考え自分で解決しなければならないのです。

仏法に逢ふては　身命を捨つといへることを
かりそめの色のゆかりの恋にだに
逢ふには身をも惜しみやはする

（法然上人ご法語）

男が女をいとしいと思い、女が男を慕う心は、まことに華麗であり陶酔的であり、また美しいことではあるが、同時にかなしいことでもあります。

それなら好きになどならなければいいのに、というのは、本当に人を愛したことのない人間のいうことであって、男と女というものは好きになってしまうと、もうどうにもならぬものです。男と女の恋心がはかないもの、無常なものとわかっていても、どうにも逢わずにはおれぬ、そんな心がまことに悲しい。

「かりそめ」の愛でさえ人は命を惜しまぬものならば、ましてやこの世の愛を超えた仏の慈悲にめざめ、真実の自己にめざめていくためには、なおのこと命を惜しんではならぬと歌に示されているのです。

仏に恋し、仏法に逢えた喜びを念仏することで感謝しましょう。

速《すみやか》に三界六道を厭《いと》いて西方常楽の門に入るべし

（西山上人ご法語）

ある人が地獄と極楽を見物してきました。

地獄では、大勢の人びとがごちそうを一杯ならべたテーブルの両側にならんで坐っていました。そしてそれぞれの前に一メートルもある長い箸が一膳ずつ置いてあります。

「食事はじめ！」の合図とともに、皆が長い箸をとって争ってごちそうを食べようとしますが、長い箸が邪魔しあって、誰も一口も食べることができませんでした。

一方極楽では、長いテーブルの上のごちそうも、長い箸も地獄と少しも違いはありません。

「食事はじめ」の合図で、人びとは長い箸をとり、それぞれ向かい側の人の口にごちそうを運んでやるのです。長い箸は、向かい側の人の口に食物を入れてやるには便利で、みんなニコニコして、かわるがわる食事を楽しんでいました。

つねに善き友にあいて、心を愧《は》じしめられよ。人の心は、おほく悪縁によりて悪しき心のおこるなり。

（法然上人「十二箇条問答」）

悲しみは二人で分けると半分になり、喜びは二人で分けると二倍になります。そんな「善き友」を、あなたはお持ちですか。

世の中には、善人・悪人とはっきり区別できる人などいるはずはないのですが、私にせっかく与えられた「よりよく生きる可能性」をのばしてくれるような人に近づくことが、究極的には私を高め、ほんとうに生きる喜びを共有することにつながるのです。

「あなたに会えてほんとうに良かった。人間として生きているありがたさをしみじみ教えていただいた」と言える人を、あなたは何人持っていらっしゃるか。

たった一度の人生です。真の「善き友」に助けられて、悔いなく生きていきたいものです。

一すじに極楽をねがい、一すじに念仏して、このたび必ず生死《しょうじ》をはなれんとおぼしめすべき也。

（法然上人ご法語）

まだ制服が身になじまない一年生の初々《ういうい》しさは、新緑にも負けず鮮《あざ》やかで、ほほえましいものです。思えばみんな、あんな時代があった……のでした。

それにしても、子どもたちの、特に幼児のはっとさせるような可愛さ、輝くような表情はどこから来るのでしょうか。それは多分、刻々と新しく生きつづけるいのちそのものの表情だからではないでしょうか。子どもが泣いても笑っても、何をしても自然でいつも初々しいのは、一すじに、一途《いちず》にいのちそのままに生きているからではないでしょうか。

一すじに生きたるひとの尊さ
一すじに歩みたるひとの美しさ
われもまた
一すじに生きん
一すじに歩まん

（坂村真民詩集より）

一、花香をほとけにまいらせ候事は。
答、花瓶にさしちらしても供養すべし。香はかならずたくべし。便あしくばなくとも。

（法然上人「百四十五箇条問答」）

ある人が法然上人に尋ねます。「花や香を仏にあげることは必要でしょうか」。

それに対する法然上人の答え。「花は花瓶にさして飾っても供養なさい。香はかならずたきなさい。都合わるくてできない時は仕方ありませんが」。生活には必ず意味がありま す。仏壇に花と灯明をお供えするのも、花は慈悲を、灯明は知恵を表しています。知恵とは、ありのままに物事が見えること、つまり、正しいものの見方、考え方ができることです。

慈悲とは、他人の幸せが素直によろこべ、他人の苦しみを自分の苦しみとして感じることができる心です。仏壇に灯明や花をお供えすることは、この知恵と慈悲を寄せあって生きることが幸せへの道であることを教えています。お花が私たちの方に向けられているのは、その教えが私たちの方に向けられていることを示すためであるのです。新しい花をきらさず香をたき、灯明をともして、日々新しい気持ちで仏壇に手を合わせましょう。

法を聞くことを得るがゆえに　顔色和悦なり

（『観無量寿経』）

「泥かぶら」とよばれる少女がいました。自身の醜さゆえに、いつも暗く沈み、泣いてばかりいました。通りかかった旅人が、こうすれば美しくなれる、と三つのことを教えました。

その三つとは、

一、いつもにっこり笑うこと

二、おのれの醜さを恥じないこと

三、他人の身になって思うこと

すなおにコツコツと実行した少女は、いつか村中で尊敬される美しい娘になった、ということです（真山美保作「泥かぶら」より）。

人は「生まれ」によらず、「生き方」によってそれぞれの人間の「顔」がつくられていく、といいます。

笑顔はその人自身を美しくし、まわりを明るくしていく大きな働きをするのです。

阿弥陀仏と申すばかりをつとめにて浄土の荘厳見るぞうれしき

（法然上人ご法語）

イギリスの物理学者が、研究室の学生にこう言いました。

「この試験管の中には、ある母親が流した涙が入っている。

この涙を分析すれば、ただの水分とわずかの塩分……だけだろうか。

いいや、ちがう。

科学では絶対に分析することのできない尊い愛情がこもっているのだよ」。

見える世界、触れられる世界だけがすべてではありません。

春になれば桜の花が一斉に開いてこの世の浄土を現出します。

「花を支える枝。枝を支える幹。幹を支える根。根は見えないんだなあ」

これは相田みつをさんの言葉です。

見えない世界、触れられない世界の方が無限に広く、大きいのです。

悲母《ひも》の恩深きこと大海のごとし

（『心地観経』）

サトウハチローさんに『おかあさん』という詩集があります。手のつけられない暴れん坊だったハチロー少年を優しく見守ってくれた母への、追憶の詩集です。その中にこんな美しい詩があります。

一番苦手なのは　おふくろの涙です
何もいわずに　こっちを見ている涙です
その涙にあかりがゆれたりしていると
そうして灯りが　だんだんふくれてくると
これが一番苦手です

母親の涙、それは美しくも悲しく、百万言にもまさり、悪童ハチローを立ち直らせたのです。母心の中に仏心があります。

生まれがたき浄土に往生せんこと悦びの中の悦びなり

『迎えにきたら』という歌があります。

「喜寿の七十七に迎えにきたら、まぁだ早いと答えておけ」

「傘寿《さんじゅ》の八十に迎えにきたらそんなに急《せ》くなといっておけ」

「米寿の八十八に迎えにきたら、もすこしお米をたべてから」

「卒寿の九十に迎えにきたら、折りみてぼつぼつこちらから」

「白寿の九十九に迎えにきたら、百の祝いがすむまでは」

「皇寿の百十一に迎えにきたら、そろそろ譲るか日本一」

いずれお浄土に還《かえ》るのですから、命ある間、生き尽くし、思い残すことなく、爽やかに天寿を全うしたいものです。


（法然上人ご法語）

人　生きるとき精進ならざれば
たとえば　樹に根なきがごとし

（善導大師ご法語）

再発と転移をくり返す、がんとのすさまじいままでの闘いに生命を燃やしつくし、ひとりニューヨークで死んだジャーナリスト千葉敦子さん（四六）の生きざまに、強く印象づけられました。病気を見つめて感傷に浸るより、限りある残された時間にどこまで自分のベストをつくせるか。

「死は少しも恐ろしくない。これまでの人生に満足しています」と、闘病日記に書かれた、生きることへの讃歌は、一度きりの人生を無為に生きる現代人への警鐘です。その千葉さんの好んだ言葉。

「よく死ぬことは、よく生きることだ」

一日一日の生が、そのまま死の準備であるから「生きるとき、精進」しなければならないのです。

我が行は精進して　忍んでついに悔いざらん

（『無量寿経』）

〝経営の神様〟松下幸之助さんは、九十三歳の時、人生をふり返ってこう言っています。

「懸命にやってきました。我ながらよくやれたと思います。自分で自分の頭をなでてやりたいですよ。

失敗しながら成功し、成功しながら失敗してきたのが、自分の人生だったように思われますね。

結果として、八勝七敗で勝ち越したかなあというところです。

全力を尽くしたのだから、これで満足しなければ……と思っています」

自分が生涯やると決めたことは、結果はどうであれ精いっぱい努力する。全力を尽くし、燃えて生きれば人生に悔いはないのです。

まさに知るべし　本誓の重願むなしからざることを

（善導大師ご法語）

真夏の暑い日、旅人たちがプラタナスの木の下で、疲れを癒すために横になって休んでいました。そしてプラタナスを見上げて、「この木は実がならないので、人間には役に立たないな」と、たがいに語りあいました。

小枝にいた小鳥がつぶやきました。「なんて恩知らずな人たちだ、こうして日陰をつくってくれているプラタナスの恩を受けながら、この木を無用で実のならないものだといっている」と。

暑さで疲れ果てている旅人に、プラタナスは、日陰で貢献しています。陰は目に見えないけれど自分の気がつかないところでいつの間にか与えられているのです。私たちが今、生かされているために、どれほどのご恩を受けているのか。

なにもかも「おかげさま」です。

聞法歓喜《もんぼうかんぎ》

この人生を生きぬくために必要な三つの知恵。

第一は、書を読む。自分が一生かかっても知ることのできない知識や経験が、本の中にあります。

第二は、人に出会う。人生は出会いです。人に会って話を聞き、その人柄にふれる。どんな人に会いどれほどの人を知り得たかは、その人の財産です。

第三は、旅に出る。人情、風俗、習慣——それらを体験することによって、より広い視野が開けてきます。

そして、それよりももっと大切なことは、法を聞くことによって仏さまの知恵と慈悲とが私たちに働きかけて下さっていることを学びとることです。

聞法によって得られる喜びは、生きていく大きな力になります。

（『観無量寿経』）

富むといえど足ることを知らぬ者は貧しい

（『法句経』）

問　「満ち足りる」という言葉の中に、なぜ〝足〟の字を用いたのでしょうか？

答　人間の体の中で一番苦労しているのは足です。体重を一手に引き受けて、体のバランスも筋力で保ち続けています。心臓も足のために多くのエネルギーを使っています。病気になると体がフラつくように、まず足に症状がくるでしょう。足の機能を完全にする——それが健康の根本であり、人間生活の基本でもあります。

それで「満ち足りる」という言葉に〝足〟の字を使ったといわれています。

今、モノがあふれ、心の不安が増大する世相です。足ることを知らないで欲をおこし、欲は必ず他人を傷つけ、自らを亡ぼします。

ところであなたは今、満ち足りていますか。

衆生の重んずる宝
命に過ぎたるはなし

三十三歳の主婦が、小学四年の長男を道づれに心中した。夫あての遺書に「愛がなくては生きられない」と書いてありました。

愛は薄いガラス細工のようなもの。いい加減につかんだり、しっかりつかみすぎると割れてしまいます。いったいどれだけの人間が壊れた〝ガラス〟で傷ついたことでしょう。

人生は孤独なもの。終わりに死がある人生はむなしいが、それを自覚し、克服しなければ生きていけないのです。どんな理由があろうと、自殺は人生の敗北と信じたい。

命は愛によって輝くもの。

愛は永遠ではなく、永遠につとめるものです。

私たちが宝のように思っている命は、多くの縁によって生かされた命であることを知ると共に、仏の「いのち」につながる尊い命であると説かれているのです。

（西山上人ご法語）

ほれぼれと　南無阿弥陀仏と
称《とな》うるが　本願の念仏にてはあるなり

（西山上人ご法語）

「家に三声あり」という時代がありました。

老人がお経をあげる声、母親が子どもをあやす声、子どもが机で本を読む声。家の中で、家族のだれがなにをしているか、見えなくても声や気配でわかったものです。家族が一か所に集まって、仏前に手を合わせ、皆が一つになる場もありました。

現代の家庭はどうか。家族の息づかいともいうべき「三声」があるでしょうか。

沈黙が支配する家より、話題が多くにぎやかなほうがいい。笑い声がはじける家がなおいい。そして、ほれぼれと称えるお念仏の声はなくてはならぬものです。

子どもが明るく大きな声で「お母さん、お母さーん」と呼びかけるように、ほれぼれとお念仏を称える家族があって本当の幸せな家庭と言えるのです。

君看よ双眼の色、語らざれば憂いなきに似たり

良寛さんがよく書かれた言葉です。

人は誰でも心の中に、他人には言えぬ痛みを持っています。どんなに明るく振るまっていても、憂いや悲しみが無いのではありません。他人に語らぬだけなのです。他人にいくら説明しても、わかってもらえぬことがあります。代わってもらえぬことがあります。だから、語るのをやめてじっとこらえているのです。その時、人は孤独を知ります。

「優《やさ》しい」という字は「人の憂《うれ》い」と書きます。他人の憂いや痛みも自分の憂いと受けとめて、はじめて人への優しさとなるのです。

健康を誇る者が、他人の病気に理解が持てぬように、人生の傷や痛みをまったく知らぬ者は、他人へのやさしさもなく、本当のしあわせもわからないでしょう。

他人の痛みのわかる人が、本当の人間なのだ、と思うのです。

おこたりに　ふける者は
生命《いのち》ありとも　すでに死せるなり

（『法句経』）

老人のための座席をシルバーシートと呼び、高齢者をシルバーエイジといいます。熟年世代を銀であらわすのは、まことに気のきいた言いかただと思います。金でもなく、銅でもなく、銀というものは、すこし磨くのをおこたると、すぐに黒くさびついてしまうからです。

磨かれた銀は、「いぶし銀」の光沢を放つものですが、黒ずんだ銀は老醜を思わせます。「男は自分でそう感じた時、老人であり、女は他人からそう見られた時、年寄りである」という言葉があります。

迷いの「此岸」から悟りの「彼岸」に至る実践方法として「六波羅蜜」が説かれていて、その中に「精進《しょうじん》」という徳目があります。

精進とは、たゆまず心と体を磨くこと。

いぶし銀のように、きらめく銀齢《シルバーエイジ》であれ。

信火　内《うち》に催《もよう》すれば
行煙《ぎょうえん》　外《そと》に顕《あらわ》る

（善導大師）

九十歳をすぎた、元校長先生がこう言われました。

「日に三度食事をいただいたあと、手を合わせて『ごちそうさん』という前に、もうひと言『ああ、おいしかった』と付け加えます。そのひと言で食事の用意をしてくれた嫁が、どんなに嬉しそうな顔をしますか。嫁のニコニコ顔を見ると、自然に心がなごみます。家じゅう明るくなります。

なんのお役にも立たん年寄りですが、お陰でみんなに大事にされています」

それはまさしく人生の達人の言葉でした。

相手に無理やり聞かせようとする時、言葉は「雑音」となります。

相手の心に呼びかけようとする時、言葉は「愛語」となります。

心に感謝の思いがあれば「ありがとう」の声が出てくるように、心に信心の火が燃えていると、南無阿弥陀仏の念仏が声になって出てくるのです。

如来の妙なる御すがた
世にたぐいなく　等しきもの　なし
されば今　敬って礼拝したてまつる

（「日没礼讃」）

学生時代、美人の誉れ高かった女性に久しぶりに会うと、別人のように面影が変わってしまっていることがありませんか。逆に、当時あまり目立つ存在でなかった人が、実にいい顔になってハツラツとしていたりします。

顔かたちは生来のものですが、その人の人間性というか、内面的なものが表情や動作にあらわれてきます。「どのように生きてきたか」、「どういう出会いを重ねてきたか」という、生きざまによってそれぞれの顔が作られてくる、と言われます。

どんな人でも、笑顔は美しいのです。ましてて、仏さまのご尊顔は威厳に満ちて時に優しく、時に憂いを帯び、世にたぐいなく美しいのです。だから仏さまを拝む人の表情も美しいのだと思います。

忙々《もうもう》たる六道に定趣《じょうしゅ》なし

日々あわただしく過ごし　迷いの道に定めなし（意訳）

（善導大師）

世の中、便利になるほど本来ゆとりが生まれるはずなのに、逆に気ぜわしくなっていませんか。暮らしを楽にするはずの文明の利器に追いたてられて、人はセカセカ生きています。

たとえば、エレベーターに乗った時、たいていの人が、行く先の階と「閉」のボタンを押す。三秒待てばドアは自動的に閉じるのに、それはもう条件反射みたいになっています。三秒すら、待てないのです。

イライラ、セカセカ生きる私たちは、エレベーターで「閉」のボタンを押すように、心にも「忙」を押しているのではないでしょうか。

「忙」とは心が亡びると書きます。機械と時間に追い立てられて、人としての心が亡んでいませんか。

悲母《ひも》の子を念《おも》うこと、世間に比《たぐ》いあることなくその恩未形《みぎょう》に及べり。

（『父母恩重経』）

「一筆啓上　火の要心　お仙泣かすな　馬肥やせ」。簡にして要を得た手紙をもとにして、福井県丸岡町が「母への手紙」を全国から募集したところ、三万通以上が集まったといいます。入選作のいくつかを紹介します。

▼おふくろ、死ぬなよ。いいというまで死ぬなよ。親孝行が全部終わるまで死ぬなよ。

（28歳・男）

▼お母さん、雪の降る夜に私を生んで下さってありがとう。もうすぐ雪ですね。

（51歳・男）

▼いつの日か、最後は私と暮らそうね。嫌でもなんでもそうゆうきまり！約束ね。

（33歳・女）

こんな手紙を読むと、母親の偉大さ、影響力の大きさを思う。と共に、一人ひとりが自分の母親という存在そのものに思いを馳せる時、大いなる命の願いに気づかされる。お母さんの命は、私の命につながっているのです。

外に賢善精進《けんぜんしょうじん》の相《すがた》を現《あらわ》し
内に虚仮《こけ》をいだくことを得《え》ざれ

（善導大師）

電車が駅に着いた。青年が降りようとして席を立ったので、前にいた中年の人がそのあとに座ろうとしました。すると、青年はこの人を押しのけ、近くにずっと立っていたおばあさんを座らせて、下車していったのです。

老人を優先した青年の行為は、一見、正当のように思えます。が、はたしてそうでしょうか。

おばあさんを思いやる気持ちがあるならなぜ駅に着く前、立っているおばあさんを見つけた時に席を譲らなかったのでしょうか。自分の欲望のほうを優先させ、満足させた上での行為は、「善行」といえるかどうか。

人の見ているところでは一生懸命努力しているふりをし、人目がなければできるだけ手を抜こうとする。外ヅラと内ヅラが極端に違う人間の姿を善導大師は厳しく指摘されています。

他人ごとでない。私の心の中にも、この種の偽善とエゴイズムが住んでいるのです。

まさに行《おこな》いて苦楽の地に至《いた》り趣《おもむ》くべし

（『無量寿経』）

愚痴が多く、嫁の悪口ばかり言っているおばあさんに、和尚さんがお説教しました。

「おばあさん。あんたの病気は神経痛じゃない。本当はリョウマチだよ。お宅の若いお嫁さんは、あんたにお迎えが早くこないかと待ちわびているだろう。地獄の鬼たちも、あんたの来るのを今か今かと待っている。両方から待たれているから、リョウマチというんだよ」

人を憎んだり、悪口を言ったり馬鹿にしていると、自分でこの世を地獄にしてしまいます。

悲しいことに自分の悪いところはなかなか気づかないのです。そして自分は正しいと思いこんでいるから人の悪口や愚痴を言ったり、憎んだりするのです。

どうせ、いつかは死ぬ身。仏さまが必ず待っていて下さると信じれば安心できる。そして、人にもやさしくなれる。そこが極楽。

人　至心《ひたすら》に精進して
道を求めて止まざることあらば
みなまさに　剋果《なしとげ》らるべし

（『無量寿経』）

だれだって、漫然と生きているわけではありません。見た目にはたいしたことはなくても、自分のなした小さな積み重ねが、何かの形で社会の役に立っているのです。

あたりまえの日常のくり返しであっても、その一人ひとりの生き方に意味があるのです。自分はよくやっているではないか、と言いきかせて、迷いながらでも一歩ずつ前進しましょう。その因《もと》は、精進、努力。

ある寺の門前の掲示板に、次の聖句が書かれていました。

一日をつくした人には　一日は美しい
一月をつくした人には　一月はうれしい
一年をつくした人には　一年は輝かしい
一生をつくした人には　一生は無限への道
　　　　　　　　　　　である

信は荘厳《しょうごん》より生ず

ある結婚式でのこと。新婦の花嫁衣装は六十年前に祖母が、三十年前には母も着た三代に渡って着継がれた衣装だったのです。

祖母も、母親も幸せな結婚生活だったのでしょう。その幸せを娘に、孫娘にと願って、思い出の晴れ着を大切に引き継がれてきたのです。この家庭のしっかりした考えと、温かい家族関係が見えるようで、ほのぼのと心を打つものがあります。

いつの時代も、親から子へ、孫へと伝えていかねばならぬもの。それは麗しい家風と正しい信仰心とお念仏。

仏壇を荘厳し、仏さまを拝む家庭には安らぎがあります。心が澄んで清らかになり、正しい勇気と励みの心が生まれます。

自他一如

阪神大震災で親を亡くした遺児たちの作文集があります。タイトルは『とってもくやしい』。

▼「お母さんはじしんのおかげで死んでしまった。泣きまくった。今でもくやしい。『お母さんを返せ』とさけびたい気持ちがずーっとまだ残っている」（小五、女子）

▼「時々、お父さんと弟のひろあきが夢に出てきます。……ぼくは、お父さんとひろあきの分、生きたいと思っています」（中一、男子）

製作したのは「あしなが育英会」。交通事故や災害で親を亡くした遺児たちが、現地でボランティア活動をしながら集めた作文を編集したものです。

悲しい体験をした人こそ、相手に、より優しくなれます。人生の苦悩を味わった人ほど、生命の尊さを知っているのです。

忍辱《にんにく》は怨《うら》みに勝ち
至誠《しせい》は欺《いつ》わりに勝つ

父と子が山に登りました。途中に大木の切り株が並んでいました。父は切り株を指して、子にこう教えたのです。

「年輪の芯は、どの切り株も同じように北側に寄っているだろう。南風と太陽をいっぱいに受けた南側は、豊かに成長する。

だが、北風を受け、陽にあたらない中で生きる北側は、寒さから身を守るために戦う。だから年輪の幅が小さく、芯がその方に寄っていくんだ。

伐採され材木になる時、太陽をいっぱい受けた南側は『板』になる。が、北風を受けて育った、芯の寄った部分は、角材として『柱』になる。柱は家を支える。

逆境に生きた人間も同じだよ。板にはなれないが、柱になれる。

人間、苦労は無駄じゃない」

(『出曜経』)

仏の大悲《だいひ》は、大いなる風のごとし。もろもろの世界に行ずるに障碍《しょうげ》なきゆえに。

（『無量寿経』）

季節がめぐるたびに、花が咲き虫が鳴く。それは各季節の風が、虫や花を活かすからです。

二十四節のうち小寒から四月の穀雨の頃にかけて吹く風を「花信風《かしんふう》」といいます。

風は、大悲のあらわれ。

風は永遠なるものがわれわれに送ってくれる呼びかけであり、うながしです。

誰かが何かをする時、あるいは、ひそかに悩み苦しんでいる時、励まし、あたたかく支えてくれる周囲の力こそ、心の花を咲かせる「花信風」です。

今、家庭や職場、学校などで必要なのは、一人ひとりがお互いの「花信風」になることではないでしょうか。

あなたのまわりに大きな花を咲かせる、心地よい花信風を吹かせてみませんか。

修習善語《しゅじゅうぜんご》

「善語《よいことば》は自分も他人も共に利益を与えることを習い実践せよ」と『無量寿経』に説かれています。

習うということは、必ず修めるということです。善語《よいことば》を知っていても、使わないなら知らぬも同じです。

職場での人間関係がうまくいかず、対人恐怖症に陥《おちい》っていた女性に、先輩がこう言いました。

「他人と過去は変えられないね。でも、自分と未来は変えられるよ」

このひと言で、彼女は笑顔と元気を取りもどすことができたといいます。

言葉には、生命《いのち》があります。

相手を思いやる温かいひと言が乾いた人の心にうるおいを与えるのです。

（『無量寿経』）

専《もっぱ》ら弥陀の名を念ずる者は、
観音、勢至が常に随《したが》って影護《ようご》したもう

急性心筋梗塞で倒れて、病院に担ぎこまれた男性の話です。

まだ意識が朦朧《もうろう》としている時、いきなり若い看護師さんから質問されました。

「あなたに、お嬢さんがいますか」

変なことを聞くなあ、と思ったが、かすかに頷《うなず》いたら、その後の言葉がやさしかったのです。

「では、これからは娘さんに甘えるつもりで、何でも私におっしゃってください」

(善導大師「散善義」)

この言葉が私をホッとさせ、勇気づけ、元気になるきっかけをつくってくれた、とその男性は言っています。

この人にとって若い女性の看護師さんは観音菩薩であったのでしょう。

常に影のように護られていることは、この上ない安らぎと生きる勇気を与えてくれます。

寿命《じゅみょう》よく限量《げんりょう》なし

(『無量寿経』)

「二十歳なら時速二十キロで、六十歳なら時速六十キロで〝時〟が過ぎ去って行く」と聞いたことがあります。これは、同じ時間なら、若い時の方が沢山の事をやれるからでしょう。

だから若い時の方が時の流れもゆっくりと感じられます。その一方で、「年取ったら一年の過ぎるのは早くても、一日がとても長い」とも聞きます。

百歳を越えた老師が、「人生を振り返って、一番充実していたのは何時でしたか」と問われた時に、「今です」と答えておられた。時間に執《とら》われず、年齢にも執われず、〝今〟を大切にされているからでしょう。

〝今を生きる人〟は、まこと〝老いる〟事がない。

人は、その人の〝覚悟〟次第で時間の密度は薄くも濃くもなるのです。

朝な朝な仏とともに起き夕な夕な仏を抱きて臥《ふ》す

（『安心決定鈔』）

は、信仰を超えた魂のよろこびを与えられます。つねに仏と共にある。この充実感こそ、一歩一歩、人生の旅路を歩き続ける意欲を燃えたたせるのです。

せめて、お世話になった人々への返礼に自分もまた誰かの「心の休み石」になりたいものです。

憩いたる石に礼拝遍路起《た》つ

松原泰道老師の著書の中にあった句です。四国八十八ヵ所霊場めぐりの遍路の光景です。ひたすら歩き続けてきた旅人が、道端の石に腰を下ろし、ひと息ついて疲れをいやし、「休み石」にも感謝の礼拝をしてふたたび遍路の旅に向かうのです。菅笠には「同行二人」。

人生もまた同行二人。仏さまとのふたり旅

月影のいたらぬ里はなけれども
ながむる人の心にぞすむ

十五夜の次の夜を十六夜《いざよい》といい、立待《たちまち》、居待《いまち》、臥待《ふしまち》と観月の思いはやまず月を待つ。

名月を拝み、月を賞でる日本人の心情は、月の出に先立つ空明かりを仏の来迎とみる信仰からきていて、月を神聖視して拝する仏教の伝承が、月見の行事の基となっているといわれています。

元禄四年の十六夜、芭蕉が琵琶湖堅田に舟を浮かべて詠んだ名吟があります。

鎖《じょう》開けて月さし入れよ浮見堂

（法然上人御歌）

堂の扉を開けて、仏さまに名月をご覧いただこうというのです。

法然上人のお歌は、仏さまの慈悲の働きを月光にたとえて、「光に照らされて、生かして下さる力を仰ぎ、与えて下さる恵みを喜ぼう」と示されているのです。月影、つまり月の光の中に仏さまの慈悲の働きを感じとり、仏さまの心が領解できた時、自然にお念仏が称えられてくるのです。

生まれては　まず思い出ん　ふるさとに
契りし友の　深きまことを

（法然上人御歌）

人生の終着駅が近づいた時、自分は何を心の伴侶として生きているだろうか、という問いに、作家の保坂正康氏は、「一人の女性、一冊の本、一軒の家、そして一つの歌」と答えています。

——側に居てくれるだけで心安らぐ人、生きる勇気と知恵を与えてくれる本、安住できる家、口ずさめば心癒《いや》される歌を持つ人は幸せです。

「私が先にお浄土に生まれていったとしても、現世でお念仏を共に喜び、またお浄土で会いましょうと約束した法《のり》の友のことをまず第一に思い出すことでしょう」と法然上人は歌っておられます。

共にお念仏を喜びつつ、お浄土での再会を約束する〝生涯の友〟を持てる人は、もっと幸せなのです。

一怒一老《いちどいちろう》（怒ると老いる）
一笑一若《いっしょういちじゃく》（笑うと若がえる）

あるお医者さんの言葉です。

「一度怒ると三分寿命が縮む。しかし一度大きく笑うと五分長生きできる。だから、腹立てて怒鳴った時は、しまった、と思って大声で笑うこと。差し引き二分間長生きできる」

人の顔には「いい顔」と「悪い顔」があります。

ほがらかで明るく、幸せそうで笑いのある表情や、ひたむきな顔などが「いい顔」です。その反対が「悪い顔」。心の貧しさが、表情に表れるのです。

むさぼりは卑《いや》しい顔つきに表れ、怒りは悪相を生じ、愚痴《ぐち》や不満《ふまん》は渋面《じゅうめん》を作ります。

仏さまの柔和な心と慈しみを表した容貌《ようぼう》を「愛敬相《あいぎょうそう》」といいます。

怒りや悲しみにふるえる時、仏さまを拝みましょう。

顔や言葉が、仏さまの愛敬相によって調《ととの》えられます。

人の生を受くるは難く
やがて死すべきもの
いま生命《いのち》あるは有難《ありがた》し

(『法句経』)

ハル子さんはパーキンソン病のため筋肉が萎縮し、歩くことができず、ふるえる手で編み物をしたり、鉛筆で写経したりの毎日でした。八十六歳で亡くなったあと、遺品の中から一枚のメモが見つかりました。

「長いあいだ仏さまよりお預りした手。

便利に使わせていただきました。

けれど、お返しする時が来たようです。

ふるえたり、シビレたり、思うように動かなくなりました。

でも、良い手。ありがとうございました」

歩けなくなり、手も動かなくなっても、まだ目が見える、耳が聞こえる、言葉が話せる……と残された働きに感謝する仏さまへの手紙だったのです。

わが身も、わが財も仏さまからの預かりものです。

お返しする日に備えて、大切にしましょう。

明日の大事をかかじと今日はげむごとくすべし

（法然上人）

明けて迎えた「辰《たつ》」の年。

「辰《しん》」は「伸」に通じ、すべてのものが伸びることをいいます。

手が動けば「振《ふるう》」。ことばを発するのは「唇《くちびる》」。新しい生命を宿せば「娠《みごもる》」。貝（金）が動けば「賑《にぎわう》」。

言葉も行動も財産も、使い方によって人を幸福にも不幸にもします。

仏性という仏さまの命を体内に宿し、生かされている私であるという自覚から、自然に手が動いて合掌、唇に念仏の一行《いちぎょう》をはげめば、明日の幸せは約束されているのです。

衆人皆師

吉川英治氏は、人に乞われると、色紙に、

「われ以外みなわが師」

と、揮毫されたそうです。

「三人行えば則ち必ず我が師あり」

とは、孔子の言葉。

「三人が行動を共にすれば、必ず自分の先生になる人がいる。その善い者には素直に従い、善くない者を見ては反省して自ら改める」というのです。

後の世の人は、これを踏まえて、

「……貴となく賤となく、長となく少となく、道の存する所は師の存する所なり……」

と、真理を先に会得した人を師とすると説いています。

すべての人をみなわが師と受けとめるところに、山川草木悉有仏性、「山の三角弥陀の三尊、松吹く風も聖衆来迎」といただけるのではないでしょうか。

うち飾られし王車も古び
この身もまた　老いに至らん
されど心ある人の法《のり》は　老いることなし

（『法句経』）

京都大学の大島名誉教授は、脳を活性化させる「かきくけこ運動」を提唱しておられます。

か・感動
き・興味
く・工夫
け・健康
こ・恋

いたずらに自らの老いを嘆くよりも、いきいきと青年の心で感動を求め、今を生きなければと勇気づけられます。

でも、どんなに若ぶってみても、老いてゆくことには間違いがありません。若さを自慢するよりも、老いを自慢できる人生こそが大切なのです。老いることのない仏法に親しみ、生かされている生命に感謝しながら、この人生を歩まさせていただきたいものです。

父に慈恩あり 母に悲恩あり

「おふくろの味が減り、ふくろの味ばかりになった母。しつけが出来ず、おしつけの教育を強制する父」を、厭う子どもがいる。

「息子よ、娘よ。幼い頃、私たちのたからものだったお前たちが、今では家のたかりものと化した」と嘆く親がいる。

親子が、夫婦が、いがみ合うのではなく、おがみ合う家庭でありたいものです。

人としてこの世に生まれた以上、憎しみにとらわれるのではなく、慈悲をよりどころにして生きたいものです。


（『父母恩重経』）


父には「慈恩」という厳しい愛情を受けた恩があり、母には「悲しいまでに優しい愛情」を受けた恩があるのです。ある女性の言葉。

「苦労してやっとわかった親心。

かみなりおやじはお不動様。

くそばばあは観音様」

そう気づくのは、親がいなくなってから、というのが悲しいですね。

こころ清き友と交わるべし 上士《まされる》を侶《とも》とせよ

（『ダンマ・パダ』）


法句経のこの句を読む時、「四季の歌」を思い出します。

「春を愛する人は心清き人、すみれの花のようなぼくの友だち」

作詞作曲した荒木とよひささんは、すみれの花のような心清き人が「よき友」であると歌っています。

唐の戴弘正《たいこうせい》は、親友ができるたびに、その名をノートに記し、香を焚《た》いて先祖に告げて敬ったといいます。親友を持つことは、それほど大きな価値があったのです。

そのノートを『金蘭簿《きんらんぼ》』と称し、親密な交わりのことを「金蘭の契り」というのも素敵な言葉です。

その由来は「心の通じ合う者同士の結束は、金のように固く、語ることばは蘭のように芳しい」という易経にあります。

人生をゆたかにし、喜怒哀楽を分かちあう「心清き友」、「金蘭の友」こそ、生涯の宝です。

世報は意にあらず

良いことをして名が知られると、誰も悪い気がしません。しかし——。

大阪豊中市に三十三年間、毎月休むことなく匿名の寄付が届けられ、延べ四百回、総額七百二十一万円に上った、と新聞に報じられていました。

こつこつと寄付を送り続けるというのは容易にできることではありません。しかも、寄付者は決して裕福ではない様子です。

そこには名声や賞賛という世報を求めず、ささげ続ける謙虚な姿と純粋な心が感じられます。

ギブ・アンド・ノーテイク。施して報いを求めず、これこそ真の布施行といえるのではないでしょうか。


（五観の偈）

不殺生
―すべてのいのちを大切に―

ノーベル平和賞を受賞したケニアの副環境大臣マータイさんが来日して、「もったいない」という言葉に感銘を受けたそうです。この言葉を世界に広めたいと、早速国連の閣僚級会議で次のように演説しています。

「日本では、消費削減（リディース）、再使用（リユース）、再利用（リサイクル）、修理（リペア）の四つのRを『もったいない』のひと言で表している。環境保護には、もったいないの精神が大切です」と。

物に手を合わせ、物の命を大切にするのが「もったいない」の心です。

マータイさんのおかげで、「もったいない」の日本語は世界共通語になりました。

これに「おかげさま」の心を添えて、ものを拝んで活かしていこうというのが、不殺生の教えです。

聞施《もんせ》

―人の悩みを聞くのも　尊い菩薩行です―

十八歳で、比叡山の叡空《えいくう》上人のもとに身を投じられて、出家の道を歩まれた法然上人は、浄土宗を開かれてからも「吉水《よしみず》の聖《ひじり》」と尊敬されて、墨染《すみぞめ》の念仏聖としての生涯をまっとうされました。

「聖」とは「耳」＋「呈」。「耳を与える人」という説があります。

混迷の世にあって、苦しみ悩む人々の呻《うめ》きを同悲《どうひ》の心で聞きとめて、共に念仏に摂取《せっしゅ》される喜びを開示されたからこそ「念仏聖」と称されたのです。

現代にあてはめるなら、カウンセラーの基本は「聞施」にあるといえるでしょう。

今こそ、僧侶もまた衣を着たカウンセラーとして人々の苦悩を真摯《しんし》に聞かせていただく「聞施」が必要なのだと思います。

仏を念ずる者は、人中の芬陀利華《ふんだりけ》なり

「人のへそからゴミをとっても、へそはへそ。だけど、人ごみから人をとると、ゴミが残る」という詩があります。行楽地で人が去った跡の狼籍の様子を述べただけでなく、人としての正しい生き方をしないと、ただのゴミという警句です。

経典には、念仏する者は芬陀利華《ふんだりけ》であると讃えられています。善導大師は、これを蔡華《さいけ》と訳されました。

ゴミや泥の中にあっても汚れに染まらずに凛と咲く白蓮華《びゃくれんげ》のことです。

ゴミのように一生を終わるのではなく、人として本当に生きる答えが南無阿弥陀仏であり、「生きて身をはちすの上に宿す」ことが念仏する者の生き甲斐なのです。

（『観無量寿経』）

生きて身を　はちすの上に宿さずば
念仏申す　甲斐やなからん
——西山上人

よき人の香りは風にさからいて薫ず

（『法句経』）

「薫陶《くんとう》」という言葉は、薫る陶器と書きます。床の間や仏前に置く大切な器を作るとき、工房に香を焚きしめ土にしみこませて焼くと、ほのかに薫る陶器ができるそうです。ここから、師の徳が弟子に及ぼす教育的な働きを薫陶というようになりました。

仏教では「薫習《くんじゅう》」といいます。戒という、人として守らねばならない徳目を実践する人は、その生き方が良き香となって周囲にすぐれた影響を与えることを、釈尊は薫習という言葉で示されました。

『法句経』のこの句は、「花の香りは風にさからいては薫ぜず」の後に続く言葉です。蘭やジャスミンのような強い香りの花も、風にさからって薫ることはないが、念仏する人は、かならず良き香を周りに薫習させるのです。

南無阿弥陀仏
仏のみ名と思いしに
称うる人の姿なりけり

（西山上人）

「翔・優・輝・翼」「美・凛・葵・彩」これらは平成十七年に生まれた赤ちゃんの名前で、最も人気のあった漢字です。

名前はこの世に生を受けた証しです。命名には親の願いと子に対する夢や希望が託されています。この漢字にも、そこから受ける印象や語感に込められた親の願いが伝わってきます。

南無阿弥陀仏は、仏様の名前です。そこには、私たちを一人残らず浄土に迎え取ろうとする仏様の願いが込められています。「わが名を呼べ」という仏の願いに答えて南無阿弥陀仏と称える時、仏さまと私が一つに結ばれます。

南無阿弥陀仏は仏の名前であると同時に、仏名を称え仏と一体となった私の姿でもあるのです。

母心大悲

（紀野一義師の言葉）

昭和五十五年の歌会始のお題は「桜」。その年、美智子皇后の詠まれた歌があります。

風吹けば幼き吾子《あこ》を玉ゆらに
　明るくへだつ桜ふぶきは

この「幼き吾子」とは、紀宮さまの幼い時を回想されたものです。

風が吹いて、桜の木の下で遊んでいる愛らしいわが子を、桜吹雪がほんのわずかの間だけ隠してしまう。

桜の花に託したわが子への愛情あふれる美しい調べの歌です。母心の中には仏の大悲の心が宿っていることを、この歌から読み取ることができます。

平成二十一年のお題は「生」。皇后さまのお歌は、

生命《いのち》あるもののかなしさ早春の
　光の中をゆすりかの舞う

小さくはかなげな虫がつかの間の生命を光の中で群れて舞うように飛んでいる。生命のはかなさと愛《かな》しさを詠まれた「同悲」の歌です。

恩送り

釈尊一代の教えを要約して漢字一字に表すならば「恩」という字に尽きると教えられました。

仏教の基本は、恩を知り恩を感ずるという「知恩・感恩」にあり、さらに恩に報いるという「報恩」へと拡がっていきます。

報恩の実践には二通りあって、一つは「恩返し」。つまり親や祖父母、師など恩を受けた人に直接お返しすることです。

もう一つ、「恩送り」という言葉がありま す。受けた相手に限らず恩を別な誰かに送る。その誰かがまた別の誰かに送る。これが恩送りで、こうして多くの人が繋がっていき、「人の輪と和」が生まれてくるのです。

「親孝行したい時に親はなし」と古人はいいました。恩を受けた相手がこの世に存在せず恩返しができなくても、せめて受けた恩を送る「恩送り」を実践してみませんか。

障碍に遇いて激しくその勢力を百倍しうるは水なり

（水五則）

アメリカの大リーグで活躍する松井秀喜選手が石川県の星稜高校を卒業する時、恩師である野球部の山下監督から贈られた言葉があります。それは、「おいあくま」。

おごるな
いばるな
あせるな
くさるな
まけるな

松井さんは数年前の試合中に左手首を骨折。連続試合出場の記録は途切れ、選手生命さえ断たれる不安と挫折感の中で、彼を支えたのは右の言葉でした。悩むのはいつでもできる、好きな野球をもう一度、という熱い思いが彼を立ち直らせたのです。

いつか「骨折してよかった」といえる日を目指して、これからの野球人生を進んでいきたい——、と彼は言っています。

恩を知るを人と名づけ
恩を知らざれば
畜生と名づく

（法然上人）

「泣くのは独りでもできるけれど、笑うのは独りではできないよ」

これは病の床にある母が、十七歳の長男に家族のことを託したひと言です。

我が子を殺したり、子が親を殺したり、殺伐とした報道が続く昨今です。この母のひと言は、一緒に笑ってくれる親子や家族の存在が絆《きずな》の原点であることを改めて教えてくれています。

その絆は、命をかけがえのないものと思う気持ちで結ばれています。

恩という字は「因」と「心」で成り立っています。私の命の因《もと》を思い感謝する心が恩です。私たちの命の根源を愛する心です。

夕べに結ぶ命露《めいろ》は
朝《あした》の日に消えやすし

（法然上人「登山状」）

童謡「シャボン玉」の作詞は野口雨情《のぐちうじょう》。雨情は大正の終わり頃、四歳の四女を亡くし、その何年か前には、生まれたばかりの長女を失っていました。

シャボン玉きえた　とばずに消えた
生まれてすぐに　こわれて消えた

これは仏さまの国に帰っていった幼い命を思う祈りの歌です。「風々吹くな」と願わずにおれぬ、悲しい親心の歌なのです。

小林一茶も家族の縁に恵まれなかった人で、五十代で結婚し、生まれた子どもも次々に死んでいきます。

散る花の枝にもどらぬ嘆きとは
思いきれども思いきれども

一茶の深い悲しみが伝わってくる歌です。

一瞬一瞬の命をいただいて生きていることの大切さを、生きている子からも、先立っていった子からも、知らされていることに気付きたいものです。

不請《ふしょう》の友

（『無量寿経』）

俳人の正岡子規に「筆まかせ」と題する随筆があります。その中に十九人の友人の名をあげ、それぞれに「愛友」「良友」などの特色を示す敬称をつけているのです。

好友・敬友・益友・直友・亡友などの他に、畏友として夏目漱石、剛友として秋山真之《さねゆき》の名を記しています。

少友酒友などもあって、いずれも子規にとって大切な友であり、三十五歳の若さで世を去ったけれど、多彩な友人に恵まれた幸せな日々であったようです。

法然上人は、浄土での再会を約束した念仏の朋友こそ真の友であり、心の友であると言われています。

『無量寿経』の中に、菩薩の慈悲の働きとして、苦しみ悩む人、孤独を嘆く人、生きることに疲れた人などに進んで「不請《ふしょう》の友」となる、と説かれています。頼まれなくても進んで助けてくれる友であり、本当の「心の友」といえます。

不易と流行

先日、知人から母親の亡くなった旨のメールが入りました。檀家でもなく、弔電を送るほど改まった間柄でもないので、ケータイにメールを送りました。

「亡き人を案ずる私が、亡き人から案じられている、という言葉があります。故人の美しい態度や、言葉などを受け継ぐことが最大の供養です。今はただ静かにお念仏を称えましょう。故人が一番喜ばれると思います」

後日、次のようなメールが返ってきました。

「お心のこもった春風のように優しく清清しいお言葉をありがとうございます。素直な心でお念仏を称えられるようになりました。メールは消さずに残しておきます。ありがとうございました」

教えを伝えることは僧侶の永遠に変わらぬテーマですが、その方法は時代と共に変わって当然です。今流行のケータイも、使い方次第で立派に布教の役割を果たしてくれるのだと思いました。

童心浄土

新緑が美しく輝いています。毎日訪れてくる孫たちに接していると、童心の中に、芽生えたばかりの若葉のような命のきらめきを発見します。

最近、金子みすずさんの影響で、児童詩が見直されています。新聞で読んだ次の詩は、心にズシリと響くものがありました。

「大きな私が小さいありさんをみている。
大きな岩山が小さな私をみている。
大きな空が小さな岩山をみている。
とっても大きいけれど、とっても小さな私」

（高崎市　真庭梨奈　小五）

人はありに比べたらずっと大きい。しかし、岩山や空を見上げたら、自分の小ささを思い知らされる。この感性が人を謙虚な気持ちにさせるのです。

童心があれば、この世を浄土と見ることができます。童心即仏心。

どの子どもにも備わっている素直な心を見守り、育てていくことも私たちの務めなのです。

幼くして学べば壮にしてなすあり
壮にして学べば老いて衰えず
老いて学べば死して朽ちず

（佐藤一斎『言志後録』）

山田洋次監督がはじめて取り組んだ時代劇映画「たそがれ清兵衛」を見ました。主人公は老母と二人の幼い娘を抱え、出世や金儲けに興味を示さず、貧しくとも家族が信頼しあって生きるのが一番のしあわせ、と信じている侍です。

寺子屋に通っている上の娘が清兵衛に、「どうして学問が必要なの」と尋ねる場面がありました。父は「考える力が付くからだ。その力があれば困ったときでも生きていける」と答えます。「生きる力」と言い換えてもいいでしょう。

では、僧侶はなにを学べばいいのでしょうか。「学仏大悲心」と善導大師は述べておられます。

仏の大悲心を学び、それを自分の言葉で工夫を重ねながら、多くの人に「生きる力」を伝えていく。それが僧侶の使命であり、布教の目的であるのです。

最勝福田《さいしょうふくでん》

『無量寿経』の下巻に、「常に法施を行じ、志勇あり、精進して心退弱せず。世の灯明となりて、最勝の福田なり」と説かれています。まさしくこれは、上求菩提・下化衆生の菩薩道を歩む者の目標とする教えであると思います。福田とは、幸福を育てる田、という意味です。袈裟の別称を「福田衣」というのは、多くの人々に幸せを施す使命を持つ者が身につける衣、という意味であり、私たち僧侶は濁世の灯明となって、人々の幸せのために最も勝れた法を弘めよ、との説示なのです。

高見順さんの作品に新聞少年を讃える詩があります。彼は病床にありながら、少年が生活や人生に欠くことのできない新聞を、間違いなく配達している健気さにくらべて、自分は今まで生きてきたものの、一体なにを人々に配ってきたか、と反省しているのです。

自分の周りの全てのご恩に酬いるために最勝の福田である念仏の法施を、あせらず、たゆまず行じていくのが、私たちの使命です。

（『無量寿経』）

我行精進

（母校の姫路南高校同窓会会報の寄稿文から）

南高野球部が夏の甲子園大会に兵庫県代表として出場したのは昭和三十三年、もう半世紀以上も昔のことです。同じ年、青森県代表となって甲子園初出場を果たした高校がありました。東奥義塾といい、こちらは以来たびたび県代表になる野球部の名門校となりました。

平成十年夏の青森県大会の一回戦で東奥義塾（東義）は球史に残る試合をしました。対戦相手は深浦高。一回裏のスコアボードに、いきなり39の得点が表示されます。前代未聞の試合の結果は１２２対０。深浦高が打たれたヒットは八十六本。ホームランは七本。毎回二けた得点が入りました。「ギネスブック級」の大敗でした。

監督が試合の途中で言いました。「やめてもいいんだよ」。つまり試合放棄せよ、という意味です。選手たちは全員顔色を変えて言いました。「最後までやらせて下さい。応援してくれる人がいますから」。

その必死な試合ぶりを見て東義の監督は選手に言いました。「決して手を抜くな。それが相手チームへの礼儀だ」

東義の猛攻を受けて、深浦は一安打も打てなかったのです。つらい三時間四十七分でした。高校野球史上もっとも多い得点を献上して試合は五回コールド。最後まであきらめない深浦の選手に惜しみない拍手が送られ、手を抜かずに戦った東義の「力を出し切る」姿勢もたたえられました。

一年生捕手のキャプテンは相手走者が次々とホームベースを駆けぬけていくのを泣きたくなる思いで見ました。そして試合後、新聞記者の質問にこう答えています。「僕たちは最後まであきらめずに戦いました。その時に結果は出なくても、一生懸命やれば必ずチャンスはやってくることを学びました」

試合には負けたけれど、深浦の選手達は「やりとげることの大切さ」という大きな宝を勝ちとったにちがいありません。「我が行は精進して忍びてついに悔いざらん」と仏典にあります。自分の果たすべきことに精一杯の努力を重ね、つらさにも耐えていけば、結果はどうであれ決して後悔はしない、という意味です。

毎年夏になると、やはり高校野球が気になります。若者のひたむきさに元気を貰っているのです。そして密かに心に期しています。夢よもう一度、と。

風樹《ふうじゅ》の嘆《たん》

（母校の姫路南高校同窓会会報の寄稿文から）

中国の古典に「風樹の嘆」という言葉があります。孝養をしようと思い立った時には、すでに親が死んでいて孝養をつくすことができないと嘆くことをいいます。

わが国で、「親孝行したい時には親はなし」といわれたのは、子沢山で平均寿命も今ほどではない時代のことでした。現代は親孝行したくないのに親がいるという時代です。

最近はそれも変化していて、

親孝行して貰いたきゃ金をだせ

親孝行するもしないも親次第

まったくせちがらい世の中です。

以前、東京のある社員寮で、高校一年の少年が両親を殺害する、という事件がありました。

取り調べに対して、十六歳の少年は共働きで多忙な両親との生活に不満があったと述べたそうです。残忍な犯行に至るまでの少年の心の軌跡は、他人には伺い知る由もないが、親の愛情を十分には感じられなかったようです。

ところが、その後の調べで少年の自宅から預金通帳が見つかりました。少年の名義になっていて、母親が内証で作ったものでした。額は約二十万円。決して楽ではない暮らし向きの中から、息子の将来のために何かの足しになればと、こつこつ貯めていたのです。捜査員から通帳を見せられた少年は、涙を流したといいます。

現代版「風樹の嘆」といえます。それも両親の死は通常の形ではないのです。この少年が生涯背負わねばならない「嘆き」の重さを思います。

受けた恩は親だけではありません。

ひるがえって我が身の高校時代を考えてみるに、さまざまなご縁とご恩に恵まれていたことに思い当たります。あの当時、農村と町とが同居したような環境の中で、大人でもなく子供でもない思春期という魔物に体当たりで格闘していた恩師の多くが鬼籍に入られました。もはや薫陶を受けた恩に報いる手だてがありません。

が、嬉しいことに百歳を迎えられるO先生をはじめ、老いてなお矍鑠たる恩師の方々も健在です。時代が変わっても同窓会で笑って酒が飲める師弟関係があるということは幸せなことにちがいありません。せめて「忘恩の徒」のそしりを受けぬよう、わずかながら同窓会の世話をさせて頂くことで母校への報恩の一端となればと願うのです。

兵戈無用《ひょうがむよう》

（『無量寿経』）

同窓会長を引き受けて以来ますます肩の荷は重くなります。嬉しいことも一つあります。二月下旬に挙行される卒業式に招かれ、ピンと張りつめた雰囲気の中で、全員起立して校歌を斉唱します。この時の気分は最高。時に涙があふれそうになります。国歌や校歌などは一人ひそやかに歌っても陰気になるだけで、大勢で合唱してこそ気分も盛り上がり式典も厳粛さを増す、というものです。

昭和三十三年の夏、野球部が県大会で優勝し全国大会に出場した時、校歌を何十回歌ったことか。試合に勝つたびにセンターポールに上がる校旗を仰ぎつつ昂揚した気分で校歌を合唱したアルプススタンド。あれから半世紀過ぎた今も、あの時の感激が甦ってくるのです。

南高の校歌とよく似たメロディの歌があります。太平洋戦争中、第二の国歌のように歌われた「海ゆかば」。万葉集の大伴家持の長歌の一部「海ゆかば水漬《みづ》く屍《かばね》山ゆかば草むす屍、大君の辺《へ》にこそ死なめ顧《かえり》みはせじ」の歌詞に付けられたこの歌曲は、わが校歌と旋律が実にそっくりなのです。似るのも道理、作曲者が同一人物なのです。

信時潔《のぶときいよし》。明治二十年東京生まれ。東京音

楽学校卒業後、ドイツに渡って作曲を学び、帰国して母校の教授。日本芸術院会員で文化功労賞を受賞。作品には「海道東征」「沙羅」などがあり、山田耕筰と並ぶ国民的作曲家として日本的な堅実、厳粛、素朴な歌曲を多く書いた、と紹介されています。

昭和十二年に作られた代表作「海ゆかば」は、戦後その詞の内容ゆえに拒絶反応を呼び忌避されたりしたが、作曲者本人は「自分は歴史の激流の中にあった当時の国民感情を、国民の一人として歌っただけだ」と語っています。

ある評論家は「軍歌というよりも近代日本の歴史の内奥から湧きいでたレクイエムであった」と評しています。信時氏が姫路南高の校歌を作曲したのは昭和三十年。その三年後、校歌は甲子園アルプスタンドで歌われテレビやラジオを通して全国に流れ、十年後の昭和四十年に七十八歳で世を去りました。「海ゆかば」と兄弟関係にある南高校歌。前者は大戦中に戦争讃歌として歌われ、後者は戦後の平和を謳歌する若人に今も歌い継がれています。

『無量寿経』に「兵戈無用」という言葉があります。「仏の遊行されるところは国は豊かで、人々は安らかに落ちつき、戦もなく、従って武器を用いることなく」と説かれています。二度と「海ゆかば」を戦争讃歌にしてはならないのです。

共に学ぶ

私の住する寺の近くに県立網干高校があり、毎年全日制の一年生が寺を訪れて話を聞いてくれます。そのご縁でこの度初めて「通信制」の生徒に講演の依頼を受けたのです。玄関に着くと「共に学ぶ」の言葉が刻んであるモニュメントが出迎えてくれました。

校長先生に案内されて会場の体育館に入ると、百二十人の生徒が待っていてくれたのですが、そこには全日制にはない雰囲気がありました。

生徒は十五歳から七十代まで。制服がないので服装はまちまち。彼らが歩いてきた人生も一人ひとり異なっていて、中学から高校へと順調に進んできた生徒はほとんどいません。

小中学校を通して不登校だった生徒、なんらかの事情で高校を中退した生徒、経済的理由で高校に進学できず、すでに社会の荒波を経験してきた者、結婚して家事や育児に励む女生徒など、その事情や生活環境もさまざまです。ただ生徒それぞれが抱え込んだ事情は違っても、一つだけ同じものがあります。「勉学への意欲と高校卒業」という目標です。残念ながら今の社会では、いまだ学歴でランク付けすることが多いのです。ここで学ぶ生徒たちは、ほとんどがその為に苦労してきているのです。

通信制高校は単位制です。教科書をもとに自学自習してレポートを提出し添削指導を受け、年間十三日ほどのスクーリングがあって面接指導を受け、当然テストがあり合格すれば卒業できます。ところが、家族をかかえ働きながら、育児をしながらの生徒にとっては、卒業にこぎつけること自体が大変です。「自学自習」というのは自分との戦いなのです。

ここ数年でいえば、転入編入を含めて三百人余の入学者に対し、卒業できるのは百〜百五十人。卒業まで五、六年かかる人もあります。それだけに卒業式を迎え、目標を達成した喜びは他のどの高校生よりも大きい、といいます。

『波濤を越えて』という卒業記念誌には「高校資格取得」という長く苦しい学びの道を、何度も挫折しそうになりながらも歩き通した百七名の写真があります。どの顔も成就感と達成感の喜びと誇りに満ちています。そして文集には支えてくれた家族・友人・先生への感謝と、共に学んだことの喜びの言葉で埋まっているのです。

自分の力で成し遂げたことは、きっとこれからの人生を生きる力になることでしょう。一生学ぶ姿勢を持ち続け、自立して力強く生き抜いてほしいと願いつつ校舎をあとにしたのです。

智者と愚者

【問題】『阿弥陀経』の中に「舎利弗」の名が何回出てくるでしょう?

正解は三十八回。それも最初と最後を除く三十六回はすべて、「舎利弗よ!」という呼びかけです。千二百五十人の聴衆を前に、ひたすら長老の舎利弗の名を呼びかけながら説法されるのです。舎利弗は、その間一度も答えることなく、問いかけることもなく、ひたすら聴くのみでした。『大経』や『観経』が仏と阿難・韋提希との問答形式で成り立っているのに対して、『阿弥陀経』は問う人がなく、仏みずから説き進められた珍しい経典です。これを「無問自説の経」と呼んでいます。

仏弟子中の第一人者であり、「知恵第一」と言われていた舎利弗は、サンスクリット語でシャーリプトラ。母の名をシャーリーカといい、母とよく似ていたのでシャーリーの子(プトラ)という意味でシャーリープトラと呼ばれていたといいます。『阿弥陀経』の訳者である鳩摩羅什は「舎利弗」と音訳し、『般若心経』の訳者である玄奘三蔵は「舎利子」と意訳しています。

師の釈尊よりも年長で信頼も厚く、教団の後継者と目されていたのですが、釈尊入滅の前に病を得て没したといわれています。釈尊が出世本懐の教えを説くに当たって、ひとえに舎利弗一人に呼びかけ説かれたのは、付法の弟子として彼ほど適切な弟子はいないと思われたからに違いありません。しかし「仏、われ一人のために法を説きたもう」と『大智度論』にあるように、この法門は私のために仏が自ら問い、自ら答えておられると解したいものです。

それにしても、母親似であったという舎利弗が、師の釈尊から何度も何度も「舎利弗よ！」と幼な名で呼びかけられる気持ちはどうだったでしょうか。

民俗学者の柳田国男さんが、貴族院書記官長となって故郷の福崎町に帰ってきたときに詠んだ歌があります。

をさな名を人に呼ばるるふるさとは
　昔にかえるここちこそすれ

この歌のように、おそらく泣きたいほど嬉しかったにちがいないと思われるのです。

もう一人。仏弟子中もっとも有名な「愚直第一」ともいうべきチューラパンタカ（周利槃特）が、十六人の大阿羅漢の一人として説法の会座に連なっていることは、ほほえましくもあり嬉しいことであります。

「仏弟子は智者のみならず愚者槃特あるゆへ更に親しき教団」（佐伯静演）

もう一つ問題。『阿弥陀経』の六方段の南方と上方世界に同じ名前の仏が登場します。さて、その仏の名は？　（正解は自分でお調べ下さい）

3

げんれい
童話説法

見ているぞ

1

「おや」

ゲンは、空をあおむいた。

ポツと、雨が顔にあたる。

「ふってくるな」

おもうまもなく、みちばたの小川の水のちいさなはもん（波紋）に、むすうの輪がかさなった。

ゲンは、かけだした。せなかのランドセルのなかで、ふでばこが、カチャカチャ、なっていた。

やがて、寺の門がみえるさかのしたについた。門まで石だんがつづいている。その石だんを、ゲンは、いっきにかけのぼった。やなぎのなみ木が白い雨にうちたたかれて、おおきくゆれているなかを。

ふるびた山門であった。

おおきくせりだしたひさしのかげに、これもふるびた、がくがかけられてあった。ゆうやみのなかで、それでも

じょうけんじ（常見寺）

と、うすぼんやりながらよめる。

ポケットからハンカチをとりだすと、ゲンはぬれた顔から頭、そしてかたや手をふいた。かあさんのおこった顔がみえるようであった。

あさ、学校へのでかけ

「きょうは、ひるからふりそうだから、かさをわすれずにね」

と、いわれたのを

「ふるもんか。いらんわい」

と、にげだすように寺をとびだしたのであった。こうというわけは、べつだんないのだけれど、なんとなくかあさんにはんこうしてみたい、ちかごろのゲンであった。

「あっ、血や」

さっき、雨にぬれた顔をふいたときについたのだろう。ハンカチにあかいしみがにじんでいた。

そういえば、ひたいのあたりがヒリヒリする。

「正平のヤツに、かみつかれたんや」

ゲンは、くやしそうにくちびるをかんだ。

2

もとはといえば、ひるやすみ。

きゅうしょくがすんで、五六人のなかまが、かくれんぼをしようというときだった。

学校の体育館のうら手の山は、かくれんぼには、ぜっこうの場であった。ゲンとは気のあわぬ、いわば、けんかなかまの正平がオニとなって、みんながかくれるあいだに百かぞえるとき、

ことさらにゲンにきこえるように
「ボンサンが、へをこいた。

ボンサンが、へをこいた」

気のみじかいゲンは、ついむねのむかつきをどうにもできず、じぶんがかくれるのもわすれて、正平のうしろにたった。

それをしってかしらずか、なおも
「ボンサンがへをこいた……」

と、目をりょう手でおおったまま、おおぐちをあけてわめいている正平のおしりを、ゲンはおもいっきりけりあげた。

「あいたっ」

けられたおしりをおさえて、とびあがった正平は、あいてがゲンとしって、にらみつけるようにしていった。

「なにすんや。いたいやないか」

「オニならちゃんとかずをかぞえろよ。へんなかぞえかたをするな」

「おこったところをみると、やっぱりぼんさんもへをこくのやろ」

「なに！　へをこいたらわるいのかい」

ばかばかしいはなしだが、けんかというものは、まことにつまらぬことがもとになっておこるものだ。

ゲンと正平が、もうすこしでつかみあうところを、そのときは、まわりにいた友だちがなかにはいってくれたので、その場はおさまった。

ところが、ほうかご。

図書室で、本をよんでいたゲンが、さあかえろうとクツばこのところまでくると、なかにいれたはずのじぶんのうんどうグツがない。

「かくされたんや」

ひとつひとつにふたのついたクツばこを、上からカチャカチャとふたをあけてさがしてゆくと
「あった」

いちばんスミのはこのなかに、ゲンのクツがほうりこまれていた。

「いったいだれが――」

つまらぬいたずらをするやつだ、と、またしても、あたまをもたげるいかりの虫を、はらの

なかでおさえつつ、クツをはこうとすると、うしろでヘラヘラわらうものがいる。ふりかえってみると、あんのじょう、正平であった。

「おまえやろ、ぼくのクツかくしたのは」

「しらんなあ、そんなボロぐつ」

「ボロでわるかったなあ」

「くやしかったらかってもらえ。ボウズまるもうけやないか」

「なにい」

いつのまにかふたりをとりまいた四、五人が、いっせいにわらった。正平のなかまだった。

ぼうずまるもうけ――

ゲンのいちばんいやなことばであったのだ。

「じょうけん寺のほとけさんなあ」

正平が、顔を、なかまのひとりのほうにむけ、目のすみで、ゲンをとらえて、わらいながらいった。

「じょうけん寺のほとけさん。こんなかっこうしてるやろ」

おやゆびとひとさしゆびで輪をつくり、みぎてを上に、左手を下に、ほとけさまのすがたを

してみせて
「これはなあ、おさいせんあげろ、おかねもってこいというとるのや。じょうけん寺はほとけさんまでよくばりやなあ」

からだじゅうの血が、ドクンドクン音をたてて、さかさまにながれるようないかりを、ゲンはこらえた。

かみしめたくちびるに、血がにじんでいた。にぎりしめたこぶしが、ぶるぶるふるえていた。

そんなゲンをにやりとみながら、正平はなおもにくまれぐちをつづけた。

「おじいのほうじょうさんは、さけのみでなあ。こいつのおやじも、さけをのみすぎてしによったそうな。ぼんさんのくせに、さけをのむやなんて、ほんまになまぐさぼうずやなあ」

ゆるせることではなかった。

寺やじぶんのわるぐちをいわれても、まだがまんができた。けれど、死んだとうさんのことをわるくいわれることは、ゲンにはたえられないことであった。

「うぎゃあー！」

と、正平が、ひめいをあげた。

火のたまのようになったゲンが、頭からからだごとぶつかっていったのだ。

コンクリートの、ろうかのうえを、つかみあったままころげまわっているふたりを、ほかのなかまが、しばらくは手のだしようもないというふうに、ポカンとみていた。

「ぼんさんにはならんぞ。どんなことがあっても、ぼんさんにはならんぞ」

こころのなかでさけびながら、からだの下におさえこんだ正平のむなぐらを、りょう手ではげしくゆさぶりつづけた。

わけのわからぬなみだが、ゲンの目からポロポロこぼれて、かわいたコンクリートのゆかにすいこまれた。

3

(あのとき正平にかみつかれたのか)

ハンカチでそっとおさえたひたいが、ズキンといたんだ。それはそのまま、ゲンのこころのいたみでもあった。

──なんでぼくは寺にうまれたんや。

なんで、ぼうさんの子が、ぼうさんにならんと、あかんのや。

なんで、ぼうさんの子は、ひとにばかにされるのや。

なんで、とうさんははやく死んでしもたんや――。

ゲンのこころのなかで、またしても、つぎからつぎへ、不満とはらだたしさとが、くすぶりはじめた。

雨がまた、はげしさをましてふりだした。

ゲンはくり（庫裡）のようすをうかがい、かあさんに気づかれぬよう本堂のほうへかけこんだ。

かなり色があせて、うらぞこのちびたクツをそっと手でつまみあげた。すりきれて糸のほつれたちいさなやぶれめから、雨みずがしみこんでいた。

（正平のヤツのいうように、ほんまにボロぐつや）

あしおとをしのばせてかいだんをのぼり、板ばりのろうかをあるいて、そっとしょうじをあけて、なかにはいった。

（まるで、こそどろやな）

ゲンは、じぶんでじぶんのかっこうが、おかしかった。

（けれど、こんなかっこう、おかあさんにみられとうない）

ひどいすがたであった。

うわぎも、はんズボンもドロでまっくろけによごれ、そでぐちもすこしさけていた。ひとめで、けんかのなごりとしれる。そうとしれば、ひといちばい心配し、また、ひといちばいきびしいかあさんであった。

ゲンはあたりをみまわした。

さいわい、だれもいない。

（いまのうちにきかえてしまおう。このドロドロは、ふろ場であらっておこう）

そうしあんして、ほこりと雨でまっくろになったうわぎをぬぎすて、本堂のどまんなかにゴロリとあおむけにねころんだ。

たたみのつめたいはだざわりが、げんにはきもちよかった。ツンと、すこしかびくさいにおいが、はなにとびこんできた。

「はっくしゅん！」

と、くしゃみをひとつして、あわてて口をおさえた。

（しんぱいない。だれもおらんわい）

サクサクとかわらにあたる雨のおとが、きこえる。どこかしょうじにすきまがあるのか、ふきとおる風がしめっぽい空気をはこんできた。

そのとき。

「こらあ！」

とつぜん、ゲンの頭のうえでおおきな声がした。

ゲンは、とびあがらんばかりにおどろいた。だれもいないとおもっていた本堂に、かみなりのようなおおごえが、ひびきわたったからである。

大の字にねっころがっていたゲンは、あわててとびおきると、キョロキョロ声のしたほうをさがした。

（だれもいない――）

ひとのいるけはいはない。

そら耳なんかじゃない。たしかにやぶれがねのひびくような、じごくのそこからひびいてくるような、そんなおおごえがしたのだ。

本堂のスミのうすぐらいあたりを、目をこらしてみてもなにもみえぬ。

（おかしいなあ）

すこしきもちのわるいおもいもして、ブルッとひとつみぶるいをしたとき、

「ばかものが！　わしに足をむけ大の字にねっころがるとは、なんというぶざまなかっこう

か！」

またしても、こんどははっきり、しゅみだんのほうから、さっきとおなじ、やぶれがねのような お声が、おちてきたのだ。

（なんやて、あみださまがおこっとる）

ゲンはたまげてしまって、その場にペッタリしりもちをついた。

いつもはやさしいとおもっていたあみださまの顔が、たまらなくおそろしくみえた。

ゲンは、ただポカンと口をあけていた。からだが、かみなりにうたれたようにうごかなくなった。

「ゲン！」

ふいにじぶんの名をよばれたが、しんぞうが、はやがねのようにドクンドクンとなっていて、へんじどころではない。

「へんじをせんか、ゲン」

「は……はい」

ようやく、のどのおくから、かすかに声がでた。

「けんかをしたな」

知ってる――。あみださまはごぞんじなのだ。おみとおしなのだ。学校で、正平とけんかしたことも――。

「おまえの気のみじかさと、いつも心に思っている不平や不満が、すぐに顔にでる。その心のまずしさが、どんなにまわりのものをふゆかいにさせるか。なによりも、どんなにおまえのかあさんを心配させるか。気づかぬのか。おろかものめ」

ひとつひとつのことばが、ゲンののうてんをうちくだくような、力づよいあみださまのことばだった。

「ごめんなさい」

と、ゲンはおそろしさにうちふるえながら、小さな声ですなおにわびた。

「人をうらむまえにまず、おのれのすぐにカッとなる心を反省せよ。何ごとも人のせいにする心のよわさをうちくだけ。ゲン」

「はい」

じっとうつむいているゲンの目に、おおつぶのなみだがあふれた。どういうわけか、あみださまのことばがすなおにうなづけた。

「そのすなおさをわすれたらあかんぞ、ゲンよ」

いつのまにあらわれたのか、ひょいと顔をあげるゲンの目のまえに、おじいさんがたってい
た。

あっけにとられて、ポカンとみあげるゲンに、

(なにもかもわかっているぞ)

と、うなずきかえすゲンのおじいさん。

すなわち、じょうけん寺の三十代じゅうしょく(住職)、良順おしょう。

人は「ほうじょうさん」とよんでいた。

4

「正平のおっかさんから電話があってな。おまえとけんかしたこと、そのけんかのもとを正平がつくったこと。正平の頭にたんこぶができたかわり、おまえの頭にも正平のかみついたキズができたこと。まあいろいろはなしをしてなあ、うちの正平がわるいんですよとわびておったよ」

本堂のろうかにこしをおろし、白い雨にうたれてこぼれているハギの花をみながら、ほうじょうはゲンに話してくれた。

「けれどかあさんは、ひとさまの頭にコブをつくった、ゲンがわるいというてな、ついさっき正平のうちへあやまりにでかけたよ」

そうだったのか。

ただでさえ短気なゲンの行動に、ハラハラしどうしのかあさんなのだ。

五年前、ゲンの父が死んだとき、さとへかえれというこえもあったのに、おさないゲンをだきしめて
「この子を、りっぱなぼうさんにしてみせます」

と、しんせきのものたちにきっぱりとちかったという、気じょうな母であった。

そして、月日がたち、小学校五年生となっても、いっこうにぼうさんになるともいわず、短気で、ときおりくらい目をしてつめをかんでいるゲンのすがたを、いつも心配そうにながめている母であった。

「かあさんにあまり心配をかけるでないぞ、ゲン」

両ひざをかかえこむようにして、えんがわにこしかけているゲンを、のぞきこむようにして
「さっきはどうじゃ。ほんとうにあみださまじゃとおもうたか」

うん、というかわりにコックリうなずいたゲンに

「いや、おどろかせてすまんすまん。しかし、あのときのゲンの、こしをぬかさんばかりのすがたはおもしろかったぞ。わしがしゅみだんのそうじをしておると、ぬすっとのように、こっそりはいってきたおまえをみて、つい、あみださまになりすました、というわけじゃ」

ウワハハハ……と、さもおもしろそうにわらうほうじょうにつられ、いつのまにか、ゲンもニコニコわらっていた。

雨がすこしこやみになった。

夕ぐれの村の、家々のぬれた屋根が、魚のせなかみたいに、白くひかってみえた。

「おじいちゃん」

「うむ」

さきほどまで、ないじん（内陣）のそうじをするのに、かがめていたせなかを

「よっこらしょ」

と、のばして、かるくこしのあたりをトントンたたいているほうじょうに、ゲンはふとたずねた。

「じょうけん寺のほとけさんは、よくばりぼとけやて」

「なんでやな」

「ゆびをまるめて、おさいせんあげろ、おかねもってこい、いうてるのやて」

「それでよくばりぼとけやと、正平がいうたのやな」

それにはこたえず、じっとしわだらけの顔をみつめた。ひとむらの白雲がただようかのような、まゆ。のどかなひだまりをだいているかのような、ひろくてあたたかい、ほうじょうのふところであった。

「ゲン、こちらへおいで」

ついとたちあがると、老人ともおもえぬたしかなあしどりで、スタスタと、本堂のなかへはいり、ないじん（内陣）の正面にゲンをすわらせた。

「ほとけさまの顔をよくみてごらん。おだやかな、くもりのない、じつによいおそうごう（相好）じゃ。これが、おさいせんあげろ、などというさもしい顔にみえるかい」

みあげるゲンのこころのなかを、よろこびも、かなしみも、なやみもくるしみも、ただじっと見すかすような、あみださまの目であった。春がすみのようなおだやかさと、秋のしものようなきびしさとを、あわせもつその目であった。

にんげんのチリのさきほどのごまかしもゆるさぬかわり、ほとけのまえにひれふすものを、かぎりなくゆるしてゆく、ひろびろとした海のいろをたたえた目であった。

「にんげんは、だれでもなまえがある」

つくねんとすわって、しゅみだんのほとけさまをみあげているゲンにいった。

「おまえの名はゲン（玄）。『天のいろ』という意味じゃよ。天のようにひろびろとした、青くすんださわやかな心をもつ人となれとねがって、おまえのとうさんがつけてくれた。だれがつけたにせよ、このなまえがたいせつなのだよ。なぜなら、このなまえには名をつけた人のねがいがこめられているからな」

はじめて聞くことであった。

ゲンなんて、いやな名だとおもっていた。

その名を、死んだとうさんが、ねがいをこめてつけてくれたということを。

ほうじょうの顔にくいつくようにして、目をかがやかせながら、いっしんに、ゲンははなしを聞いていた。

5

「ほとけさまにもそれぞれなまえがある。かんのんさま、じぞうぼさつ、やくしにょらい――。

そして、このあみださま。そのなまえにはみんな、ほとけさまのちかいやねがいがこめられているのだよ」

　ゆうやみがいつのまにかしのびよって、もうかなりうすぐらくなった本堂であった。前づくえのうえのローソクに、ほうじょうはマッチで火をつけた。小さな火がボウとあたりをてらして、うすやみのなかに、ほの白いあみださまのお顔がうかびあがった。

「このほとけさまのおん名は、あみだぶつ。そして、ほとけさまをおがむとき、なむあみだぶつ、ととなえることを、ねんぶつというのだが……」

　ふたたびゲンのよこにすわって、ほとけさまのほうに、ちょっと手をあわせたほうじょうが、ことばをつづけた。

「その、おなまえのいわれとなった、ほとけさまのちかいとねがいを、ことばにださず、おからだにしめしてくださっておるのが、このおすがたじゃよ」

　と、両手のゆびをまるめて、右手を上に、左手を下に、ほとけさまとおなじすがたをしてみせた。

「つまりこのすがたは、ほとけさまからのブロック・サインじゃな」

「ブロック・サイン？」

「そうとも。野球でランナーがでると、かんとくかコーチが、手をぼうしにやったり、むねをたたいたり、うでをなでたりして、走れ、バンドせえ、とかサインだすやろ。あれよ。ことばではいわず、すがたでしめす。つまりほとけさまのブロック・サインじゃ」

「へえ」

ほうじょうのものしりに、ゲンは感心してしまった。

「右手をあげているのは、たちあがってつかまえずにはおれない、そのお心をあらわして、『このほとけが、しっかりつかまえているから心配するな』と呼んでくださっているのだよ。左手はな、どこまでもついてゆくぞ、という心のあらわれなのだよ」

――そうだったのか。いままでなにげなくおがんでいた、あみだざまの両手にも、「みほとけのこころ」がしめされてあったのか――

「おやゆびとひとさしゆびを、まるめていられるのは、けっして、おさいせんあげろ、というのではないぞ。親の名をよぶように、『おとうさん』と、よぶように、ねがいのこめられたわが名をよんでくれろよ、と、いつもおまえによびかけていてくださっておるのだよ。ゲン、わかるか」

ゲンは、こっくりとうなずいた。

「ちかごろ、ゲンはおかあさんに、よく口ごたえをする。けさもそうだった。かあさんのいうように、かさを持っていけばいいものを。おまえがでかけてからも、かあさんはとても心配していたぞ。雨が、ふらなければいいが、とな」

——かなしいことに、にんげんは父があれば父を、母があれば母を、おろそかにしてくらしている。しかし、それはけっして人の子の本心ではあるまい。さまざまのくもりに、本心がかくれているのだ。

——ゲンには、父はないが、それならばこそ、心はよけいに、いまはあうこともない父のもとに、ひかれておるにちがいない。

「ゲン。おまえは、じつはかあさんの心が、いちばんよくわかっているはずだ。わかっているのに、どうしようもなく、口ごたえをしたくなるのも、かなしいけれど、ほんとうのことだろう。

だがな、ゲン。六さいのときに、おまえをのこして死んでいった、父の心はどうだったろう。おまえや、かあさんのことだけが、気がかりで、心はきっとせつなかったにちがいない。そして、なによりも、おまえがすなおな心をもって成長してくれることを、ねがいつづけているにちがいない。

いまは、ほとけさまとなって、おじょうど（浄土）から、しずかにおまえたちを見まもってくれる、おとうさんだが、このねがいをわかってくれと、おまえの名を呼びずめに呼んでおるよ。

おしゃかさまも、そうだった。そして、法然さまもまたそうだった。父や母をはやくなくしたかなしみが、いちだんとふかい天地にめざめさせ、ほとけさまの世界にあわせるもととなったのだよ」

ひとことひとことを、かみしめるようにはなす、ほうじょうのことばであった。わかったのか、わからなかったのか、ゲンには、朝ぎりのなかから、すこしずつ日の光をおがむようなきもちであった。

「つらかったら、ほとけさまにいうがよい。ほとけさまは、ちゃんと聞いてござるよ。口にだしていうのが、はずかしければ、心のなかでなくがいい。ほとけさまは、ちゃんと知ってござるよ。

そして、しずかに手をあわすのだ。ほとけさまは、いつも見てござるよ」


聞いているぞ。

見ているぞ。

知っているぞ。

「そう、それがほとけさまの両手に、まっすぐのばされた、三本のゆびのサインだよ」

そのとき、本堂のしょうじにうつるかげが、すっときえたのを、ふたりは知らなかった。ろうかづたいにこっそりと、くり（庫裡）のほうへしのぶ、すがたがあった。いつのまにかえっていたのか、ゲンの母であった。

目がしらを、そっと着もののたもとでおさえながら、そのかげは、台所へきえた。

のきのトユから、したたりおちる雨だれの音が、小さくなった。

雨は、もうやんでいた。

菊ぼとけ

1

「ゴーン」

かねがなっていた。

じょうけん（常見）寺のかねであった。

たそがれの町の空気をふるわせて、ひとびとに家路をいそがせる音であった。

海にちかいこの小さな町も、工場ができ、学校がたち、年々、そのよそおいをあたらしくしてゆく。

それは、ひさしぶりにふるさとにかえったものの目を、みはらせるほどの、かわりようであった。が、波のおとと、じょうけん寺のかねのおとは、むかしにかわることなく、町の人の心をゆりうごかしていた。

あねさんかぶりに、モンペすがたのおばあさんが、ながい石だんをのぼって、寺の門をくぐった。

「やあ、おせきばあさんやないか。いまごろ、おまいりかえ」

かねをならしていた、良順ほうじょうが、そのすがたをみつけて、つりがね堂のうえから声をかけた。

「まあ、ほうじょうさん。うちのはたけでつくった菊の花を、すこしもってきましたんや。ほとけさんに、そなえてもらおうとおもうてなあ」

「やあ、それはいつもすまんことやな。ではさっそくそなえさせてもらおうかい。あすは、せがれの七かいき（回忌）でな」

「まあほんに。もうそんなになりますかいの。ゲンさんのとうさんがなくなってから」

おせきばあさんは、ふるい記憶をたどるように、とおい彼方をみつめた。

「はやいものじゃ。せがれが死んだとき、ゲンはまだ六つ。それがいまでは小学校の五年生じゃもの」

「で、ゲンさんは、まだ、とくど（得度）なさらんのかね」

「うむ。それがなやみのたねでの。ぼうさんになることを、なかなかしょうちしてくれんのでこまっておるのじゃ」

「ほうじょうさんも、いろいろ心配ごとがおありなさるのやねえ」

とくど（得度）――それは、ぼうさんになるために、いちばんはじめに受けねばならぬ、たいせつな、ぎしき（儀式）である。

ほとけさまの子となって、一生、そのおしえをまもることをちかう、だいじなものだ。

あいかわらず、ぼうさんになりたいとはいわぬ、ゲンであった。

白い菊の花たばを、くりの台所において、ふたたび門をくぐり、石だんをおりてゆく、おせきばあさんといれかわりに、パタパタとかるい足音がのぼってきた。ともだちの家へあそびにいっていたゲンであった。

「おお、いいところへ帰ってきた。ゲン。台所においてある、菊の花をもって、本堂へいっておくれ。あすの法事のしたくをせねばならんでな。おまえもてつだっておくれ」

しんぶん紙にくるまれた、菊の花たばをかかえて、ゲンは、ほうじょうのあとについて本堂にいった。

本堂のろうかは、ぬれたように黒くひかっていた。

なん代ものじゅうしょく（住職）が、まるでおのれの心をみがくように、ぞうきんでかがみのように、みがきあげてきたろうかであった。

なん百年というあいだ、本堂へ、おまいりする人の足のうらのぬくもりを、じっとうけとめてきた板のあつみであった。

その板のうえに、たたみいちまいほどのうすべりをしいて、せなかをまるめるようにしてすわる、ほうじょうのまえに、これも、時代がみがきあげたとしか思えぬ黒い花たてが六つ、ならんでいた。

「花は、しょうじきなものでな。いけるものの心を、びんかんに感じとるらしい。はらのたつときや、心になやみがあるときには、それが、花にあらわれて、花は花、葉は葉、まるでちぐはぐして、おちつかぬ。

こんな花でも、いけるものが心をこめると、花は花としてうつくしく、葉は葉としてうつくしく、まがったまんまで、みごとに、おのれのいのちをさききるのだよ」

チョンチョンと、きように花ばさみをあやつりながら、六つの花たてにいけてゆく、ほうじょうであった。

なにげないしぐさのなかに、花への、かぎりない愛がこめられていた。一本の花も、まるでいきもののように、じぶんのあたえられた場所が、さもとうぜんというふうに、花たてのなかに位置をしめていた。ほうじょうの手さばきは、まるで一流の手品師をおもわせた。

「もとは、野や、はたけにさいていた花だ。ひと目につかなければ、そのまま花としての一生をおわり、土にかえってゆくものを。

しかし、こうして花立てにいけられて、ほとけさまのまえに、そなえられたとき、たとえ一本の草花でも、ほとけの光にあうことができる。その光にあえば、白い花はいよいよ白く、赤い花はますます赤く、かがやかしめられる。

そして、ひとの世もこのとおりだよとおしえつつ、やがて、かれてちってゆくのだ。

この世のすべてのものは、生まれ、さき、ちってゆく。ひとときも、とどまっていやしない。

しかしながら、光にあえば、ちいさな命もさきがいがあり、散るものも、ちりがいあらしめてくださるのだよ」

ゲンに、かたるでもなく、花に語りかけるでもなく、まるで、じぶんじしんにいいきかせるような、ほうじょうのことばであった。ひとりむすこにさきだたれた、かなしみと、それからもう六年、あすは七回忌の法事をむかえるという、ときのながれとが、ふかいためいきとなってでてきた、ことばのようでもあった。

「ほら、できたぞ、ゲン。これらの花を、わきだんのほとけさまに、そなえてきておくれ」

ふと、われにかえったように、目のまえにならんだ六つの花たてを、目でしめした。

「はい」

ゲンは、はしの二つの花たてを両手にもつと、なかの水がこぼれないよう、しずかに本堂にはこびいれた。

2

――これは、ぜんどうだいし（善導大師）

――これは、ほうねんしょうにん（法然上人）

本堂の両わきのおもくぞうの前に、ひとつずつ花をそなえながら、ゲンは、いつかほうじょうからおしえてもらった、そのなまえを口にした。

（こしからしたを、金いろのすがたであらわして、手に、にょい（如意）というものを持ち、

かすかに口をひらいて「なむあみだぶつ」と、ねんぶつをとなえていらっしゃる、このかたが善導だいし）

――そして、こちらが、ほうねんさま。

この名も、ゲンにとっては、おさないころから、耳になじんだなまえであった。

くろいころもに、はいいろのけさをつけ、両手でしずかに、じゅずをつまぐって、ねんぶつしていられるそのすがたは、こわいというより、したしみを感じさせた。

したしく感じるには、それなりのわけがあった。

あれはゲンが、ようちえんにはいってまもなく、そのころはまだ生きていたとうさんが、京都のご本山のおつとめにでての帰り、

「ゲン、おみやげだよ」

と、頭をひとつなでて、わたしてくれたのが、『ほうねんさま』という絵本だった。それからひと月して、にわかに入院し、その年の秋、十一月九日に病院でいきをひきとった。ガン、という病気だときかされていた。

このよをいそいでかけぬけていったような――と、まわりの人は、そのあまりのみじかいい

のちに、なみだをながした。

そんなわけで、絵本『ほうねんさま』は、ゲンにとっては、父のかたみであった。なんどこの本をよんだことだろう。じぶんでよみ、母にも、ほうじょうにもよんでもらい、とじひもがきれて、表紙がバラバラになっても、それをセロテープでとめてもらって、なおもはなさなかった。そして、五年生となったいまでも、この絵本だけは、本ばこにいつでも見られるようにしまってあった。この絵本をひらくとき、

「おみやげだよ」

と、頭をなでてくれたあの手のぬくもりを、ゲンはいつも思いだしていた。


六つめの花たてを、いちばんはしのほとけさまにそなえて、ゲンはひょいとそこにまつってある写真に目をとめた。そこには、かんのんさまがまつってあるのだが、そのおずしのまえに、かすかにほほえみかけるような、わかいぼうさんの写真こそ、ゲンの父「敬順」の、三十さいのときのすがたであった。

ゲンが、六つのとき、ガンにおかされて、まるで菊の花のように、あっというまに、そのわかいいのちをちらせてしまったとうさん。

だんかまいりのかえりに、けいだいであそんでいるゲンに、ころものままでキャッチボールのあいてをしてくれた、とうさん。

「それ、ゲンにもらってきたぞ」

と、きもののたもとから紙につつまれたおかしをとりだしてくれたとうさん。

小学校に、いくようになれば、自転車をかってやるぞと、やくそくしたとうさん。

そのやくそくをはたさないまま、もう、あすは七回忌になろうとしている。とまったままのほほえみが、それからいつも観音さまのまえで、ゲンになにかをかたりかけていた。

3

——にている。

にているのだ。

この写真をみるたびに、とくにちかごろ思うようになった。それは、このわきだんのまんなかにまつられた木像と、父「敬順」とが、どことということなく、にているのであった。

(きょうは、きいてみよう)

そう決心して、ゲンは、本堂のえんがわで、花のあとしまつをしているほうじょうに声をかけた。

「おじいさん、この人だあれ」

「なに、どれどれ」

ほうきをてにしたまま、ほんどうにはいってきたほうじょうは、ゲンのゆびさす木像をみていった。

「――せいざん、しょうにん（西山上人）」

「せいざん、しょうにん？」

「そう。ただしくは『ぜんねぼう　しょうくう（善恵房証空）』というおかたじゃ。どうかしたかい」

「にているんや、とうさんに」

「なに、敬順に」

いかにもおどろいたように、ほうじょうは、その木像とゲンの顔をまじまじとみつめた。

「にているというのか。なるほど」

いままで、思ってもみないことであった。しかし、ゲンにいわれてながめてみると、なるほど、にているといえば、そういえなくもない。

「うむ」

ちいさいころからきまじめで、おとなしい父であった。タバコはすわず、すこしの酒ですぐ顔をまっかにし、本をよむことが、ただひとつのしゅみ(趣味)といえた。そんなゲンの父のきまじめさは、写真の顔のまゆからはなすじ、はんぶんほほえんだ口もとに、よくあらわれていた。そして、そのあたりが、西山上人の木像とにているといえばいえた。

(せがれが、西山さまににているとは、まことにおそれおおいことではあるが、子どもの直感とはおそろしいものよ。顔かたちはともかく、からだぜんたいからうける感じは、なるほどにているかもしれん)

ほうじょうは、あらためてわがむすこの写真を、しげしげとみつめて、うなずいた。

「ゲン、夕食がすめば、じいちゃんのへやにおいで。こんやは、西山上人のはなしをしてあげよう」

その夜、ゲンはほうじょうのへやにはいっていった。

西《せい》山《ざん》上《しょう》人《にん》

1

まあ、おかしでもおたべ。けさがた、だんかでもらってきたものや。

そう。おまえがとうさんに、にているというせいざんしょうにん（西山上人）。

そのかたのはなしをしよう。

治承元年《じしょうがんねん》（一一七七年）といえばいまからちょうど八百年まえの、十一月九日。

西山上人は、京都のまちのはずれで、おうまれになった。

――ふしぎないんねんやな。西山上人がおうまれになったおなじ日に、ゲンの父は、おじょうどへ帰っていったのだから。

西山上人の父の名は加賀権守親季《かがごんのかみちかすえ》。

母の名はわからぬ。

つたえによると、この日、十一月九日は、そうとうに風のつよい、はれやらくもりやらさだまらぬ、まるで、そのころのそうぜんとした、世をあらわすかのような日であったという。

上人がおうまれになったころは、平安時代の文化をもっともさかえさせた貴族の藤原氏にかわって、平清盛をかしらとする平家一門のちからは、ならぶものがなく、

「平家でなければ、人でない」

とまでいわれるほどであった。

その平家のおごりの世が、ようやくくずれかけようとする時代に、この少年はうまれた。

まったく、すぐれた人物がうまれるためには、それなりの時代のもとめというものがある。

あかんぼうのころから、なみの子とはどこかちがう、目の光りであったそうな。生まれついての、ちえのかがやき、ひらめきに、じつの親のちかすえ（親季）でさえ
「かんのんさまの、生まれかわりであろうか。ほとけさまからのさずかり子とおもって、たい

せつに、そだてようよ」

と、ふうふ（夫婦）ともどもかたりあった。もちろん、少年のすぐれた才能は、両親にとってじまんでなかろうはずはなかったが、成長するにしたがって、いよいよひかりをましてくるその才気は、一族のなかで、だれしらぬものとてないほどであった。

少年が九歳の春三月。

あるひ、父の親季朝臣《ちかすえあそん》は、おなじ一門でも、とくに実力があり、のちに内大臣という高いくらいにものぼった、久我通親《こがみちちか》公から、ぜひ少年ともどもあいたいというつかいをもらった。

なにごとであろうと、いぶかりながら、久我家の広大な門のなかにまねきいれられた親子に、通親《みちちか》公のいがいなことばであった。

「その少年を、ぜひ、わしの子どもにもらいうけたい。かしこそうな子じゃ。わたしの手もとでぜひにもそだててみたい」

――思いがけないことば。しばらくへんじのごゆうよをと、わが家にかえり、夫婦が考えこんでしまった。

「やっと、めぐまれたわが子を養子にやるのは、まるで、手のなかのたまをとられるおもいだが、せっかくの才能も、このまずしさでは、いかされずにおわるだろう。つらいことではあるが、子のしょうらいをおもえば、家がらも身分も、いま指おりの通親《みちちか》公にそだてられるのが、しあわせであろう」

こうして少年は、久我《こが》家の養子として、そだてられることになった。

両親がありながら、わかれてくらさねばならぬとは、子もつらかろうが、親はなおつらかったであろう。だが、それいじょうに少年を愛し、少年の才能をみとめていたのであろう。

親のねがいにこたえるように、ますます学問にみがきをかけられた少年は、まわりのものから期待されながら、ついに十四歳の春をむかえた。

2

ある日、通親《みちちか》公のへやによばれた少年は、いつもとちがう養父の顔つきに、つい身をかたくした。そんな少年をみて通親《みちちか》公は、みずからひざをくずし

「らくにされよ。しばらく見ぬうちにずいぶんと成長されたものよ。学問もそうとう、すすんでおると聞いた。けっこうなことだ」

目をほそめて、かたりかけた。

ぎりの親子とはいえ、通親《みちちか》公は、宮中においては、せきのあたたまるひまのないほど、いそ

がしい身であった。久我《こが》のやしきにも、まいにち、おおぜいの客がひきもきらず、このあるじをまじえての、家族みんなのだんらんなどは、たえてないことであった。

「ときに、なん歳になられる」

「十四歳になります」

「よいわかものぶりだ。久我家のほこりとおもっている。で、きょうよんだのは、ほかでもない。そろそろ、げんぷく（元服）の式を、あげねばなるまいとおもうてな」

（あっ……）

と、少年は思った。

くるべきときがきた。じつは内心、ひそかにおそれていたのだ。いついわれるのか、げんぷく（元服）のことを――。それは少年が大人《おとな》になる大切な儀式《ぎしき》であった。

「おねがいでございます」

少年は、ひざをひとつすすめて、こころをきめたようにいった。

「うむ」

「しゅっけ（出家）を、おゆるしいただきたいのです」

「なに、出家を――。僧になりたいともうすのか」

「はい」

「この家に、なにか不服があるのか」

「いえ、けっしてそのような。出家することが、かねてからののぞみでございます。なにとぞ、このののぞみ、かなえさせてください」

両手をついて、ひっしにたのみこむ、少年のいちずさ、しんけんさに、チリほどのいつわりがあるとは思えなかった。そのあまりのいちずさに、かえって通親《みちちか》公のほうが、とまどいのいろをみせた。

もとより、政治家としてひとなみすぐれ、人のうらおもてをみぬくのに、だれよりもするどい眼をもった、通親《みちちか》公である。少年のしんけんなひとみに、

(この決心は、いかにことばをつくしても、かなわぬな)

と、みてとった。

「わが家におれば、この世の出世はのぞみのままというのに、おしいことよ。しかし、出家したいとあらば、ぜひもあるまい。どこぞよい寺を、さがさねばならぬの。京ならば比叡山《ひえいざん》か、南都ならば興福寺……」

「いえ、わたしの師は、もう心にきめております」

「ほう。もうしてみよ」

「――ほうねん、しょうにん」

「なに、法然上人。あのよしみずの……」

その名は、通親公《みちちか》も聞きおよんでいた。

法然房源空《ほうねんぼうげんくう》――といえば、比叡山だいいちの秀才と、ほまれたかい身が、なにをこのんでかめておられるとか――。

山をくだり、ちかごろ東山のよしみずに、草のいおりをむすんで、しきりに、ねんぶつをすす
「法然上人のでしに、なりたいともうすのか」

あきれるおもいで、その少年の顔をみつめた。それは、めいよとか地位、財産など、それさえあれば、この世のしあわせとおもわれているものを、きっぱりとすてさることを意味していたからである。

「この世のしあわせをすて、念仏ひとすじに生きるという決心、よほどまえの世からの、いんねん深いものがあったのだろう。

よくわかったが、このこと、じつの親ごにも、よく相談なさるがよろしかろう。そのうえできめることにいたそう」

「はい、ありがとうございます」

むろん、じつの父母は、あまりにも、寝耳に水のもうしでに、もっとおどろいた。

――あなたの、あふれんばかりの、ちえのいずみをおしむあまり、つらい思いをして、通親《みちちか》公のもとに、おあずけしたのです。ゆくゆくは出世をとげて、そうとうな地位にのぼるおかただと、それだけをたのしみに、いきてきたわたしたちでしたのに――。

ぐちが、なみだとなって、そでをぬらす母であった。

少年はいった。

「わたしひとりの出世を、けっしてのぞんでくださいますな。みんな、しあわせになりたいと、ねがっているのです。しあわせをねがいながら、しあわせになりえないくるしみ。この不満やいかりを、どこへもうったえることができずに、世のひとびとは、くるしみながら、その日その日を生きているのです。

ははうえ。すぐれた学者や力のある政治家になることが、にんげんのしあわせでしょうか。人の出世を心のなかでねたみ、じぶんの地位を人にとられはせぬかと不安なまいにちをすごす、それがしあわせでしょうか。

地位や財産はなくともよい。不安のない、ふかいよろこびのある生活を、わたしはもとめたいのです。そして、それが東山よしみずの、法然上人のもとにあると、わたしは信じるのです」

——これが、十四歳の少年の、ことばであろうか。

父と母は、おもわず顔をみあわせた。少年のたくましい心の成長をよろこぶ気持ちと、いま父母の手をはなれて、ひとりであるいてゆこうとするそのさびしさが、ふたりのなかにうずまいていた。

親は、心をきめかねた。それはあまりにも重大なことがらであった。

3

ある朝。

母はひとり、まだあけやらぬみやこの北にある、一条もどりばしにたった。

それは、むかしから京の人が、あれかこれか心をひとつにきめかねたとき、この橋のうえにたつと思案がさだまり、よい結果をむすぶ、という「橋うらない」であった。

(朝、いちばんに、この橋をわたる人が、もし男ならば、あの子ののぞみどうりおぼうさんにしよう。しかし、もし女の人であれば、かわいそうだがあきらめさせよう)

どうか、女の人であってくれと、母はねがいつづけた。

そして、母はしっていた。みやこの北から、まちに花をうりにくる大原女《おはらめ》が、いつも朝はやく、この橋をわたることを――。

（どうか、けさも大原女が、ここを通ってくれますように）

いのりつつ母は、じっと目をとじて、足おとのちかづくのをまっていた。

やがて、ヒタヒタと、わらぞうりの、足おとのちかづくけはいがした。

身をかたくして、はしのたもとにたたずむ母の耳に、きこえてきたのは

身観清浄観《しんかんしょうじょうかん》　広大知恵観《こうだいちえかん》

悲観及慈観《ひかんぎゅうじかん》　常願常瞻仰《じょうがんじょうせんごう》

ひくいが、よくとおる声で、法華経ふもんぼんをとなえつつ、東から西へわたる僧《そう》であった。

――ぼうさんとなるべき、よくよくの、いんねん（因縁）であろう――。

母は、あきらめざるをえなかった。

少年ののぞみが、かなえられることとなった。

それから数日して、ここは東山よしみずの、小さないおりのひとま。法然上人のまえにひざまずく、ひとりの少年のすがたがあった。

「ようまいられたな。みればまだとしもおわかいのに。立身出世をのぞまず、ただほとけのみちにつかえようというお心は、よくよくふかい仏縁《ぶつえん》としかおもえませぬ。しかしながら、せっかく入門なさっても、あなたにおゆずりするものを、なにひとつ持たぬ法然です。わずかなおきょうの本も、このたてものも、すでに入門なされたかたがたにゆずると、やくそくしておりますのでな」

「しょうにんさま。わたしは、けっしてなにかをゆずっていただこうとおもって、まいったのではありません。ただ、ひたすら、しょうにんのおひろめになった念仏のみおしえをいただくばかりでございます」

そのことばは、じつにリンとしてさわやかであった。

法然上人にはよほど、この少年のことばをうれしくおもわれたのであろう。その日のうちに、とくど（得度）の式をあげられ、ほとけさまの子として、生まれかわったのであった。

――これが、善恵房証空《ぜんねぼうしょうくう》、といわれたおかたとなるのだよ。

良順ほうじょうは、そこでことばをくぎり、両手にうけたゆのみじゃわんを口にはこんだ。

いつのまにか、あすの法事のしたくをおえたゲンの母も、へやのすみにすわって聞いていた。

さもうまそうに、ゆげのたつお茶をのみほして、ほうじょうはことばをつづけた。

4

その日、法然上人は五十八歳。

人々のなやみをすくうのは、念仏よりほかにないとの強い決心のもとに、声たからかに、しんじつ（真実）できよらかな、念仏のおしえをひろめておられるときであった。

少年はこの日、法然上人にであうことによって、大きく生まれかわった。

十一月九日が、少年のだいいちのたんじょう日であるとするなら、少年にとって、十四歳の春、法然上人にであった日が二ばんめのたんじょう日となった。

にんげんはだれでも、生まれかわる日がくる。そしてそれは、すばらしい人にであうことによって、あお虫がちょうに変身するように、生まれかわるのだよ。

法然上人は、善導大師《ぜんどうだいし》にであい、この少年は法然上人にであって、いのちにめざめることができた。

善恵房証空《ぜんねぼうしょうくう》と名をかえた少年は、それから二十三年かん、いつも法然上人のみもとにあって、念仏のおしえをともに聞き、ともにひろめるために、ご苦労なさるのだ。

たくさんいらっしゃった法然上人のおでしのなかでも、とくに師から、しんらい（信頼）をうけておられた。

あるとき、上人がおねんぶつのおしえのたいせつな文をあつめて『選択本願念仏集《せんちゃくほんがんねんぶつしゅう》』という本をまとめられたとき、勘文《かんもん》の役といって、おびただしい経文のなかから、ひつようなものを、さがしだすという、だいじなやくめをつとめられた。

おねんぶつのひろまることを、おそれた人々の反対にあって、法然上人が四国へながされなさったり、ほかのおでしがたが、きびしいばつをうけて、ねんぶつのおしえもほろびるかとおもわれたとき、ひとり善恵房《ぜんねぼう》は京にふみとどまり、あらしのようにはげしい、こうげきをたちふせいで、よくそのみおしえをまもりとおされた。

それだから、法然上人は「わたしの死んだあと、もし、ねんぶつのおしえにわからぬことがあれば、善恵房にたづねたらよろしかろう」

とまで、いわれたという。

おねんぶつによって、つよくむすばれた師と、でし（弟子）であったから、法然さまが、八十歳をもって、なくなられたときのかなしみは、どんなであっただろう。

それからは、京の西山にすまわれて、ねんぶつひとすじの生活にはいられた。ここで『観経《かんぎょう》』

というおきょうの意味をくわしくのべられて、ひじょうにすぐれた研究をなしとげられた。そこでひとびとはこの善恵房を
西山上人《せいざんしょうにん》
と、およびするようになった。

法然上人によって、うちたてられた、ねんぶつのみおしえ。

それは、ほとけさまによって、えらびとられた、ただひとつのしんじつの道。くるしみ、もだえながら、やみの生活をするひとに、ひかりをあたえて、つよく生きぬく力となったのが、ねんぶつのおしえ。

法然上人によって、ともされた、その火を、しっかりとうけついだ西山上人は、それを、くるしみのやみにまよう、ひとびとのむねに、ともしてあるかれたのだよ。

その火は、いまもきえることなく、いきいきと、いきてはたらいていてくださる。

みほとけさまのごくろうを、いちばんわかっておられたのが法然さまであり、その法然さまのごくろうを、いちばんわかっておられたのが西山上人ではなかったかと、おじいちゃんはおもう。

あすはいよいよ、十一月九日。

西山上人がおうまれになって、ちょうど八百年目になるのや。

夜はしんしんとふけていた。

ゲンは、いっしんにほうじょうのはなしをきいていたが、

「ふーっ」

と、ひとつ、ふかくためいきをついた。

「どうやな、すこしわかったかい」

(うん)

と、いうふうにうなずいたゲンは、ゆうがた本堂でみた西山上人の木像と、父の写真とをおもいうかべていた。

5

その夜、ゲンはゆめをみた。

すみぞめのころもをきたぼうさんの、うしろすがたであった。

——この人が、西山上人。

ゲンは、声をかけてみようとちかよると、そのぼうさんが、ひょいとふりかえった。その顔はまぎれもなく、ゲンの父敬順であった。

「ゲン」

と、父はよびかけた。

ゲン。

すなおでげんきにそだっておくれ。おもいやりのある人に、なっておくれ。

ちいさな虫や、動物や、花をかわいがる、こころのやさしい人になっておくれ。

ゲン。

いのちのとうとさのわかる人になっておくれ。

出世はしなくていい。

人のうえにたたなくともいい。

地位や、めいよや、財産など、もたなくてもいい。

けれど、正しいことを、どうどうといえる人になっておくれ。

そして、

ほとけさまのおしえをまもり、それをひろめる仕事をする人になっておくれ。

おかあさん、おじいさんをたいせつに。

おおぜいの人のしあわせのために、いのちがけでつくせる人になっておくれ。

ゲン。

これがおとうさんのねがいです。


たしかに、ゲンは父の声を聞いた。

ゆめのなかで、なんどもなんども、うなずきかえした。

かくじつに、いまゲンのからだのなかで、なにかがかわろうとしていた。なぜだか、心がとてもさわやかだった。

そして、ゲンはふかいねむりのなかにはいっていった。

やがて、十一月九日の朝であった。

◉編集ノート

1、げんれいラジオ説法

兵庫県の高齢者生涯学習のために「高齢者生きがい創造協会」では主に二つの大きな事業を行っています。一つは「いなみの学園」という四年制の大学で、もう一つが「高齢者放送大学」です。東加古川にある「いなみの学園」に通園できない人のための、ラジオ講座による放送大学です。毎週土曜日の朝六時三十分から七時までラジオ関西（AM神戸）から大学教授や各界で活躍する人が、それぞれの専門分野の講義をするのです。私は仏教の立場で「いなみの学園」には十五年前から年二回、放送大学には五年間に五回の講話をさせてもらいました。どちらも熱心な聴衆ばかりで、特に放送大学は聴講の学生さんが必ず感想文を書いて事務局に送る制度になっていて、出来不出来が一目瞭然という、講師にとっては怖い大学です。

今回、総本山永観堂禅林寺の管長就任記念の出版にあたり、過去五回の放送原稿とＮＨＫラジオ第二放送「宗教の時間」で放送したものをあわせて「ラジオ説法」として活字にしました。聴講生の感想文も一部掲載しました。説法というより気楽な人生論としてお読みください。

2、一語一会・ミニミニ説法

浄土宗西山禅林寺派では、一般檀信徒向けの「みかえり」というリーフレットを毎月発行していて、三十三年間で三九二号になります。その中で、私が担当したものが七十篇余りあり、これに加筆修正してまとめたものです。経典や法語の一句に込められた意味を拡げて、一枚の絵のようにイメージしてお読み下されば幸いです。

3、げんれい童話説法

昭和五十一年は、法然上人の高弟で、浄土宗西山派の派祖・善恵房証空上人が誕生されて八百年でした。これを慶讃し記念して西山三派（禅林寺・光明寺・誓願寺）で小学生向きの読み物が企画され、その執筆を担当しました。悪戦苦闘して書き上げた童話は『雨だれ説法』と題して出版されました。私にとっても記念すべき処女出版なのですが、今では入手困難な幻の作品です。法然上人八百回大遠忌を明年に控え、ここに再録することにしました。三十四年前の作品が決して色あせていないと信じつつ。

あとがき――ふるさと回帰

のんののさま／ほとけさま／わたしのすきな／かあさまの／
おむねのように／やんわりと／だかれてみたい／ほとけさま

子どもの頃、父が古い蓄音機で聞かせてくれた「ののさま」という歌です。以来、何度か繰り返し聞いたこの歌は、幼い私の子守唄でもありました。

古希を迎えた平成二十二年二月十日、祖山永観堂の九十世法主として赴任いたしました。本山を「祖山」と親しく呼ぶのは、「ふるさと回帰」の思いがあるからです。そして、この祖山には「みかえり阿弥陀如来」と呼ばれる「ののさま」がおられます。慈しみに満ちたまなざしと、モナリザの微笑以上の神々しいまでにやさしいほほえみは、ここを訪れ手を合わせる人の心に、やすらぎと、生かされて生きる喜びを与えます。

今、私はこころの故郷である「ののさま」のもとに原点回帰した思いで、朝夕お念仏を称えております。

平成二十二年四月

永観堂禅林寺第九十世法主　中西玄禮

中西玄禮（なかにし　げんれい）
浄土宗西山禅林寺派管長。総本山永観堂禅林寺第90世法主。

昭和16年、姫路市網干に生まれる。

昭和40年、龍谷大学大学院修士課程修了。

昭和56年、浄土宗西山禅林寺派・大覚寺42代住職となる。

童話を趣味とし、喫茶店説法やテレホン法話など、一人でも多くの人に仏の心を伝えることを使命とする。

浄土宗西山禅林寺派布教講究所長、宗学院講師、宗会議長などを歴任。

姫路市連合仏教会副会長、網干地区仏教会会長を務めたほか、神戸新聞文化センター、高齢者放送大学、姫路経営者協会など、多くの企業、各種団体で講師を務める。

著書に、『月影抄』『花影抄』『風韻抄』（いずれも白馬社）などがある。

平成22年２月、浄土宗西山禅林寺派管長となる。

住所　〒606－8445　京都市左京区永観堂町48
総本山永観堂禅林寺

げんれい説法

2010年４月18日　発行

著　者　中西玄禮
発行者　西村孝文
発行所　株式会社白馬社
〒612－8105　京都市伏見区東奉行町１－３
電話075(611)7855　FAX075(603)6752
HP http://www.hakubasha.co.jp
E－mail info@hakubasha.co.jp
印刷所　㈱太洋社

JASRAC　出1003408－001

ISBN978－4－938651－74－9